叢書・ウニベルシタス　1101

フューチャビリティー

不能の時代と可能性の地平

フランコ・ベラルディ（ビフォ）
杉村昌昭 訳

法政大学出版局

日本語版への序文

私はこの本を二〇一六年に書いた。それはリベラル民主主義の夢がおそらく永久に潰えた年だ。それは夢というよりは幻想だったのかもしれない。資本主義の世界では民主主義という言葉はたいして意味がない。二十世紀の歴史において、民主主義は幾度となく全体主義に変容した。アドルフ・ヒトラーは完全に民主主義的な仕方で権力を掌握した。そして二〇一六年、民主主義はメディア・ポピュリズムと金融貴族主義という恐るべき怪物的権力形態をつくりだした。

政治の無力は人々のあいだに、抽象化〔金融による記号的搾取を示唆〕のとてつもない力や民主主義に対して復讐したいという欲望を生み出した。そのような状況から民主主義的なやり方で脱出することはできない。

世界の北側諸国の大半は奥深くて不可逆的な分裂の局面に入った。それはレイシズムやナショナリズムの新たな暴力形態を伴った内戦の出現である。

ブレグジットはイギリスを二つに分断した。ドナルド・トランプの暴力は北アメリカ社会に衝撃を与えた。レイシズムの増大は、イタリア、ドイツ、オーストリアなどヨーロッパ諸国において、野蛮な攻撃性を解き放った。

私がこの本を書いているあいだにも、国際政治の舞台で起きている出来事は、暴力、レイシズム、貧困、地球環境の破壊といった、未来に待ち受ける不安をかき立てていた。そしてもちろん社会的・政治的雰囲気の暗さは私の心にまとわりついていた。しかしこのような退化は私の主要な注目対象ではなかった。逆に私の関心は、目の前で起こりつつある破局にもかかわらず、人間社会が豊かさと解放へと向かう変化の兆しが完全には消滅していないという可能性を示そうという方向に向かった。人間の生活を賃金労働から解放しうる可能性は、集合的知性とオートメーションテクノロジーの関係のなかに隠されている。

この可能性は建設的な仕方で自己を組織化し展開するための主体的エネルギーをまだ見つけていない。人間の生きる時間を大きく解放するための知的・科学的・テクノロジー的条件は蓄積されているが、それはまだ現働化されるに至っていないのである。

この本は三つの概念とそのあいだの関係に焦点をあてたものである。すなわち、可能性、潜在力、顕在力（権力）の三つである。私の意図は、現在われわれに問われている難問を解くために、この三つの概念の形成と機能を近代哲学のなかで再構築することであった。集合的知性とオートメーションテクノロジーの発達は可能性を包含しているが、まだ現働化していない。それはなぜかというと、主体的力が欠如しているからであり、ポストモダン社会の生活形態や表現形態をますます特徴づけている不能《インポテンツ》のためである。この不能は、社会運動の敗北、労働の不安定化、デジタルコミュニケーション時代の人間の存在的孤独などによってもたらされた。そしてこの不能が、逆説的にも権力が権力として機能する条件をなしているのである。

権力は社会的不能の結晶化以外のなにものでもない。それは現在のなかに含まれている潜在力の発展を妨げる一種の結び目のようなものである。この本は、言うならば、瓶のなかに入れた未来へのメッセージである。われわれの生きるこの時代を支配しているかに見える暗さと狂気をもってしても可能性を抹殺することはできない。可能性はその現働化を可能にする諸条件がシステマティックに破壊されているにもかかわらず、集合的頭脳の進化のなかに存続している。

来たるべき時代は恐るべき広がりを持ったネガティブなエネルギーを解き放つかもしれない。それはよく認識しておかねばならない。その不可避性を不可避性として直視し分析しなくてはならない。しかし同時に、不可避性は実証することができないということ、なぜなら予見不可能なことがいつでも起こりうるからだ、ということを忘れてはならない。

デジタルテクノロジーの潜在力と危険がこの本の中心テーマである。このテクノロジーによってもたらされる加速化を私はこの本のなかで不明瞭な対象として見据えている。加速主義と呼ばれる思想運動は、資本主義のダイナミズムの加速化はそれ自体としてポジティブな現象である、なぜならそれはパースペクティブの転覆をもたらすものだから、と主張している。しかし私はこの思想運動に完全には同調できない。加速化はある種の解放に向かうかもしれないが、われわれが必要とするパースペクティブの転覆をもたらすのは、ポジティブな潜在力の出現としての主体性にかかっているからである。

したがって、主体の力能、知識、連帯、発明精神といったものが、これまで隠され、抑圧され、歪められながらも存在し続けてきたエネルギーを解き放つことができるかどうかに、すべてはかかっているのである。

二〇一九年六月

フランコ・ベラルディ

フューチャビリティー——不能の時代と可能性の地平◉目次

凡例

一　本書は Franco 'Bifo' Berardi, *Futurability: The Age of Impotence and the Horizon of Possibility*, Verso Books, 2017 の全訳である。
二　『　』は原書の作品名イタリック。
三　〃　〃および傍点は原書の強調イタリック。
四　「　」は原書の引用符。
五　（　）は原書に準じる。
六　〔　〕は訳者による補足。
七　原註は行間に番号（1、2、3……）を付して巻末にまとめた。

フューチャビリティー——不能の時代と可能性の地平

序論

私は未来《フューチャー》についてもう書こうとは思わない。

私は「未来なき未来《ノー・フューチャー》」についても書かない。

私は他なるものになることのプロセスについて書く。震動、選択、再結合、再構成といったことだ。

可能性とは中身であり、潜在力とはエネルギーであり、顕在力とは形式である。

私は現在の世界構成のなかに書き込まれた中身を〝可能性〟と呼ぶ（つまり可能なことは内在的だということだ）。可能性は単数ではなく複数である。現在の世界構成のなかに書き込まれた可能なことは無数ではなくて多数である。可能性のフィールドは無限ではない。なぜなら可能なことは現在のなかに書き込まれた不可能なことによって制限されているからである。しかしながら、分岐したフィールドは複数存在する。異なった可能事のあいだの選択に直面したとき、身体は震動し始め、その潜在力に対応した選択をしようとする。可能なことを展開しそれを現働化する主体的エネルギーを私は〝潜在力〟と呼ぶ。潜在力は可能なことを現実的なものに変えるエネルギーである。

現在の構造のなかに決まりごととして組み込まれている選択（ならびに排除）を私は〝顕在力〟と呼ぶ。顕在力は多くの可能性のなかからひとつの可能性を選択し強化する。それは同時に他の多くの可能なことを排除する（そして見えなくする）ことでもある。

この選択はゲシュタルト（構造的形態）として描写することができる。それはあるパラダイムとして作動する。それはまた、われわれがコードに従うことによってのみ動かすことができるあるフォーマットあるいはモデルと見なすこともできる。

可能性

一九三七年、アンリ・ベルクソンはスウェーデンの雑誌 *Nordisk Tidskrift*〔ノルディスク・ティドスクリフト〕に「可能なことと現実的なこと」という論説を発表した。のちに『思考と動くもの』のなかに収録されたこのテクストのなかで、このフランスの思想家は、「〝可能性〟という言葉は何を意味するか？」という問いに次のように答えている。

われわれは不可能ではないことを可能なことと呼ぶ。たしかにこの非‐不可能性は可能性の現実化の条件である。しかし、可能性は潜在性の一段階でもなければ観念的な前‐存在性でもない……このネガティブな感覚から、われわれはこの語のポジティブな感覚へと知らぬ間に移行している。はじめの定義では、可能性は妨害するものの不在を意味する。しかしわれわれはいまや、ある思考の形をした前‐存在性という意味へと移行しつつある。(1)

「Bは可能である」は、BがAのなかに書き込まれていてBがAの現在の条件から展開することを妨げるものはない、ということを意味する。ベルクソンはある思考の形をした前‐存在性について語るが、私は〝思考〟という語を使いたくはなくて、存在の未来の状態は、それが内在的であるか、あるいは現在の世界構成のなかに書き込まれているときに、可能的になるという言い方をしたい。しかしながら、われわれは、現在の世界構成は、ひとつだけではなくて、たくさんの異なった（矛盾をはらんだ）可能性を含んでいることを忘れてはならない。

多くの内在的な可能的未来からひとつの可能性だけを引き出して発効させること、これが可能性から現実性への移行である。可能的未来とは、現実性へと発展したり、しなかったりする可能性の層である。

ベルクソンはこう書いている。

なぜ世界は秩序化されているか？　規則はどのように不規則性のなかに組み込まれているか？　また形はどのように物質のなかに組み込まれているか？……この問題は、われわれが、無秩序という考えは人間の工業や製造の領域において意味をなすものであり、創造の領域において意味をなすものではないことを理解したとたんに消滅する。無秩序とは、単にわれわれが求めようとしない秩序なのである。

われわれは物質や出来事、流れなどがカオス的に複雑に絡み合った姿を凝視し、秩序の可能性、カオス的素材をどう組織化するかを探究する。マグマから断片を引き出して、それを結びつけ、エントロピーを逆転することを試みる。知的生活とは、このエントロピーの局地的で一時的な逆転のプロセスなのだ。時間は衰退と抵抗、解体と再構成の次元である。時間とは、あらゆる断片があらゆる他の断片のなかで永遠に他なるものに生成するプロセスである。ベルクソンは可能性の概念を時間という視点から定義している。「なぜ現実は広がるのか？　またそれはどのように広がらないのか？　時間はいかなる目的に仕えるのか？（私がここで言及しているのは、現実的で具体的な時間のことであり、単に空間の第四次元としての抽象的時間のことではない。時間の存在はものごとの不確定性を証明しているのではないだろうか？　時間とはまさにこの不確定性のことではないだろうか？）」。

昔の哲学は永遠を中心に置いていた、とベルクソンは言う。存在の不易のカテゴリーとしての思考と観念の接合である。

近代人は自らをさまざまな場に置く。彼らはもはや時間を侵入者としても永遠の攪乱者としてもあつかわない。そうではなくて、彼らは、時間を単なる外観に還元しようとする。近代人にとって時間性とは〝理性〟の混乱であり……理論を忘れよう、事実に密着しよう、ということなのだ。近代人はもはや時間を侵入者としても永遠の攪乱者としてもあつかわない。

ベルクソンは第一に、可能なことは不可能ではないことだ、というように、可能なことを類語反復的な仕方で定義する。可能なことは必然的に存在することではなく、同時にまた必然的に存在しないことでもない。第二に、ベルクソンはこの答えは空っぽであることを認める。この答えは可能性そのものの中身について何も言っていないからである。われわれがもっと多くのこと知ろうと思ったら、非‐不可能性と非‐必然性の空っぽの空間で何が起きているかを理解しなくてはならない。

生きた有機体の進化を見てみよう。有機体の可能性のフィールドはその遺伝子コードのなかに含まれているが、コードは未来の歴史を含んでいない。コードは可能な進化の方向に開かれているが、その方向には多くの異なった小道がある。後成説〔生物の形態は発生当初は未定であり次第に完成するとする説〕によると、有機体がその遺伝子コードから離れて発達するプロセスは、有機体をコードが予言したり前もって形作ったりすることができない環境や出来事に曝す。この可能性のフィールドは無限ではない。なぜならそれはコードのなかに書き込まれた遺伝子の条件によって制限されているからである。しかしそれは単に予測可能な状態の連続に還元することができるものでもない。可能なことは複数であるから、コードを取り巻く環境的出来事が多くの可能性のなかからひとつを選び具体化するのである。

可能性というのは差異化のプロセスの前あるいは最中におけるタントラ的な卵の強度のようなものである。ジル・ドゥルーズはこう言っている。「スピノザが特異的本質と呼ぶものは、強度の質だと私には思われる。それはわれわれひとりひとりが、めいめいの本質にかかわるとともに、その延長的な部分を規制する諸関係にもかかわる一種の強度の複合体によって規定されているというようなことだ[2]」。

『千のプラトー』のなかで、可能性から現実性への移行は、卵の強度から差異化の勾配の展開への移行として、最終的には延長された身体の全面展開への移行として描かれている。

器官なき身体は強度にしか占有されないし、群生されることもないように出来ている。強度だけが流通し循環するのだ。器官なき身体はまだ舞台でも場所でもなく、何かが起きるための支えでもない。幻想とは何の関係もなく、何も解釈すべきものはない。器官なき身体は強度を流通させ生産し、それ自身が強度であり非延長である〝内包的空間〟の中に、強度を配分する。器官なき身体は空間ではなく、空間の中に存在するものでもなく、一定の度合いをもって空間を占める物質なのだ。この度合いは、産み出された強度に対応する。それは強力な、形をもたない、地層化されることのない物質であり、強度の母体であり、ゼロに等しい強度である。しかしこのゼロには少しも否定的なものは含まれていない。否定的な強度、あるいは対立的な強度などは存在しないのだ。物質はエネルギーに等しい。ゼロから出発する強度の大きさとして現実が生産される。それゆえ、われわれは器官なき身体を有機体の成長以前、器官の組織化以前、また地層の形成以前の満ちた卵、強度の卵として扱う。この卵は、軸とベクトル、勾配と閾、エネルギーの変化にともなう力学的な傾向、グループの移動にともなう運動学的な動き、移行などによって決定されるのであり、副次的形態にはまったく依存しない。器官はこのとき純粋な強度としてのみ現れ、機能するからだ。器官は閾を超え、勾配を超えながら、変化していく。「配置に関しても機能に関しても、いかなる器官も一定性を失ない……性器はいたるところに出現し……肛門はあちこちに口を開けて汚物を吐き出し、また閉じる……有機体全体が一瞬のうちに調整されて色彩と組成的密度を変える」。タントラ的な卵だ(3)。

タントラ的卵は内部に数えきれない細胞の連結を包含している——可能性のウェブ。これらの連結が潜在状態から有機体へと展開する進化は可能性の現実化の空間をなしている。私が潜在力と呼ぶものはこの現実化の条件である。潜在力は情報のゼロ次元から身体と出来事の多次元への移行を可能にする。それに対して、顕在力は、ひとつの一貫性の次元を可視化し、重視し、実行する選択格子であり、そのなかでひとつの可能性が別の可能性を現実化の空間から排除するかたちで自己展開するのである。

タントラ的卵はあらゆる可能性のマグマであり、具体的実現を求めるカオス的中身なのである。一般知性はこの中身であるが、記号資本主義はゲシュタルトとして現出したものである。記号資本主義はコード化された形の発生装置であって、いわば中身のパラダイム的捕獲にほかならない。

顕在力は中身の可能性がコードを発生させる装置に従属することから生まれる。

われわれの時間の地平はあるジレンマの刻印を押されている。一番目のシナリオでは、一般知性は記号資本主義のコードのパラダイムラインに従って展開する。二番目のシナリオでは、一般知性は自立的・非教義的・有用的な知識の原則に従って形になる。

このジレンマがいずれに帰結するかを誰が決めるのだろう？　こちらの可能性の現実化か、あるいはあちらの可能性の現実化かを、誰が決めるのだろう？

これが私が本書の第三部と最終部分で論じようとする問題である。

潜在性から現実性に移行するためには、可能性はある主体に組み込まれなくてはならない。

そしてこの主体は顕在力を必要とする。可能性はどのようにして主体に組み込まれるのか？主体はどのようにして顕在力を持つのか？

可能性のマグマがマグマを志向的主体性に変える連結装置と出会うとき、可能性は主体に組み込まれる。

自由民主主義は近代という時代においてブルジョワ階級の主体化を可能にした政治的連結装置である。共産主義は産業労働者が集まって社会的権利のために闘うことを可能にした連結装置である。

一般知性が知識の具体的有用性に従って世界を解体・再編することをめざす意識的力として現出することを、どちらの連結装置が可能にするだろうか？

潜在力

潜在力は主体の意志に従って変化を可能にする条件である。

歴史は潜在力とともに与えられた主体性のなかに組み込まれた可能性の出現空間である。

潜在力はわれわれに自由である可能性、そして環境を変える可能性を与える。他方、顕在力は可能性をコードの生成に従属させる力である。

歴史は進化と同様に分岐と選択の連続と見なすことができるが、歴史の王国では、おのおのの分岐のさいに、相対立する可能性のなかからの選択において意識が決定的な役割を演じる。可能性のカオス的・震動的な次元から現れ出るためには、身体は潜在力を必要とする。潜在力は現在のなかに書き込まれた可能性を主体と結びつけるエネルギーである。

この可能性を形に変えるためには、書き込まれている相対立する可能性の拡張に反対する顕在力なしですまさなくてはならない。多くのスピノザ学者（私はとくにトニ・ネグリを想定している）の考えとは逆に、潜在力は無限ではない。

ネグリは『野生のアノマリー』や『転覆的スピノザ』といった著書など多くのテクストのなかで、潜在力の無限性という考えをスピノザに帰している。ネグリは言う。「存在は真理を所有しない生成に従属することを欲しない。真理とは存在のことであり、真理は革命的であり、存在はすでに革命的なのである(4)」。この文章には奇妙にも神学的ニュアンスが感じられる。実際、ネグリは世界の絶対性を断固として主張する。「世界は絶対的である。われわれは幸いにも世界の十全性に圧倒されている。われわれはこの感覚と存在の豊かな循環と結びつくしかないのだ……この点がスピノザの現代性の第二の理由を明確にする。スピノザは世界を絶対的必然として、そして必然の現前として描いている(5)」。

絶対的必然としての世界の定義は、潜在力の限界を認めることに対するネグリの強い拒否の根拠であるが、それはまた解放の必然性に対する彼の信仰の根拠でもある。私は無神論者としての観点から、そのような信仰を放棄せざるをえない。私は解放は必然的であるとは考えない。解放はあくまでも可能性であり、われわれの生きるこの二十一世紀の初めにあっては、それはありそうもないように思われる。

解放は世界の絶対的組成のなかに織りこまれているだろうか？　ネグリは即座にイエスと答える。しかしその答えは現実の空想的な消去に通じ、とりわけ主体性の現代的ありかたの空想的な消去に道を開く。解放は絶対的必然ではなく、潜在力の現実化を必要とする可能性である。そしてこの潜在力をわれわれは必ずしもつねに持ってはいないのである。

ネグリのスピノザ読解の提供する修辞によるバイアグラ効果は、現代の主体性の政治的不能《インポテンツ》に対しては効き目がない。現代の社会生活や知識のなかに書き込まれた可能性は政治的連結装置を見つけることができず、悲しさの感情が可能性を曇らせている。こうした悲しさの感情の発生は、いかなるヒステリックな否認も抜きにして理解されなくてはならない。獣から逃げる道を見つけようと思ったら、獣の目をまっすぐに見つめなくてはならないのだ。

「スピノザについて」というテクストのなかで、ドゥルーズは「情動は人の存在しようとする力の持続的変動である」と書いている。この変動は主体の潜在力を増大させたり減少させたりする。悲しさの感情や楽しさの感情は情動を引き起こすもの、つまり潜在力を増大させたり減少させたりする原因になるものと見なすことができる。ドゥルーズは言う。「スピノザは、悲しい感情がわれわれに作用することに関心を持つ人々の世界の仕組みを告発する。聖職者はおのれが対象とする者たちの悲しみを必要とする。つまり聖職者はおのれに服従する者たちが自ら罪があると感じることを必要とする……悲しい情念を吹き込むことは顕在力の行使のためになくてはならないことなのである[6]」。

こうした悲しい情念を持つことは罪と見なされてはならないし、訂正されるべき誤りと見なされてもならない。悲しい情念は誤解の結果ではない。悲しい情念は意志の力や正しい考察なとによって取り消すことができるものではない。ドゥルーズが指摘するように、悲しい情念は顕在力の発動の結果生じるものである。

顕在力は可能性のフィールドを規範的秩序に還元する媒介《エージェンシー》である。したがって顕在力は悲しい情念の実動的源泉であり、悲しい情念の存在は顕在力の力への魂の屈伏の結果と見なすことができる。「スピノザは悪はまずい出会いの結果であると述べている。あなた自身の身体とまずく混じり合う身体との遭遇である」。いやはや、まずい出会いとは！　この時代にはいくらでも起きることだ。ネグリはスピノザを引用しながら次のように書いている。

幸運は美徳の報酬ではなくて、美徳そのものであるが、われわれが欲望のリストを制限しないとき、われわれはそれを享受できない。しかし反対に、われわれが欲望のリストを制限することができるとき、われわれはそれを享受することができる。スピノザはヘーゲル主義が生まれる以前に、自らの論理的優越の認識を通してヘーゲル主義を凌駕していた……そして理性の生産性を通して、スピノザは歴史の転覆を予見していた。したがって、解剖され選択された出来事の記録としての哲学というヘーゲル的主張、そして自由を出来事や歴史の基盤に置くという主張、さらには人間の力を低いところにある存在の生産的境界線上に絶対的に位置づけるという主張などに先駆けていた。現象学的説明と形而上学的描写にあいだに区別はないのだ(7)。

スピノザ的な感情的ヴィジョンとヘーゲルの汎論理的ヴィジョンとのあいだに類似性を見ることはむずかしくはない。しかしその違いは決定的なものである。ヘーゲルにおいては、無限性は精神的生成のエネルギーであるが、スピノザにおいては、無限性は自然であり、潜在力は身体である。

「身体は何をすることができるのか?」とスピノザは問う。それは身体の無限の潜在力を主張するためではなく、身体の過剰な自然性に光をあてるための問いである。

スピノザは言う。

これまで誰も身体の力の限界について述べなかったが、それは身体が単に物体的と見なされるかぎりにおいて、つまり自然の法則によってのみ何をなしうるのかを、誰も経験によって教えられることがなかったからである……繰り返そう。どのような仕方で、あるいはどのような手段で、精神は身体を動かすのか、また精神はいかに多様な動きを身体にもたらすのか、そして精神はいかに迅速に身体を動かしうるのか、といったことを誰も知らないのである。(8)

今日、われわれの身体は何をすることができるのだろうか？　身体がオートメーション化された脳から分離した現在の条件の下で、社会的身体は何をすることができるのだろうか？

これに関連して不能という問題を私は本書の最初の部分で論じる。

顕在力

可能性の幅は、歴史的分岐のたびに、顕在力によって限定されるとともに新たな主体性の出現によって開放される。もし新たに出現した主体性が潜在力（内的一貫性と発進的エネルギー）を持っていれば、それは不可視の可能性を可視的空間に呼び寄せて、その可能性の現実化に道を開くことができる。

形態形成は震動から新たな形が出現するということであり、可能性の身体のさまざまな異なった進化のあいだの震動から生じる。出現する形は可能性としての中身を持つが、われわれはオルタナティブから解決への移行のなかでオートメーション化された選択を挿入することができる。オートメーションは人間行為の機械への置き換えであるが、それはまた論理的・テクノロジー的連鎖への人間の認識行為の服従でもある。

これがまさに顕在力の起源にほかならない。社会的震動へのオートメーション化された選択の挿入である。

オートメーションは、人間のプロジェクト、ヴィジョン、イデオロギー、先入観などに従って、人間精神によってプログラム化される。オートマトン（ロボット）は人間の埋め込まれた意図や確立された関係形態を再現したものである。

中身と関係づけられた形とは何だろうか？ 新しい形の現出はどのようにして起きるのだろうか？ ものごとはものごとを、概念は概念を、どのようにして生み出すのだろうか？ そして、さらに興味深いのは、概念はものごとをどのようにして生み出すのか、ということだ。

顕在力は決定論の一発生形態として定義することができる。

実際、顕在力は、未来の行為を形作る技術‐言語的な自動化という形態をとる。「もしあなたが家賃を払わなければ、あなたはアパートから自動的に追い出されます」とか、「もしあなたが授業料を払わなければ、あなたは自動的に大学から追放されます」、といったようなことだ。この場合、立ち退き命令や追放命令の執行は生身の人間が行なうのではない。人間だと憐れみを感じて心変わりするかもしれないからだ。こういった帰結が、あたかも論理的－数学的必然性であるかのごとくに、技術機械のなかに包含されているのである。しかしそんな必然性はない。これは言語機械が人間の行為を記録し、その結果を表わしているだけのことだ。なんのことはない、実際の出来事が、論理的必然として機械のなかに書き込まれた数学的機能を活性化させるのである。

バイオ技術や社会技術的な変化の挿入によって有機体の未来の形を決定的なな仕方であらかじめ先取的に規定することができる。決定論は進化を因果律の観点から描くという（悪しき）哲学的方法論であるにとどまらず、因果の鎖を世界のなかに、とくに社会的有機体のなかに持ち込もうとする政治的戦略でもある。

決定論的戦略は未来を支配し、未来の傾向をあらかじめ規定された先取的モデルのなかに押し込め、未来の行動をオートメーション化することをめざす。

オートメーションの鎖のもたらす効果は決定論的な罠として定義することができる。可能なことが捕獲されて単なる蓋然性に還元され、蓋然的なことが必然的なこととして強要されるという罠である。

これが私が本書の第二部で論じる問題である。

内在的傾向とパラダイム

内在性はプロセスの内部にある存在の質であり、何かと何かを通じて本来的に備わっている内的本質である。

この本は未来の可能性についての、そして内在的に可能な未来の多様性についての本である。言い換えると、現在のなかにすでに書き込まれている他なるものへの生成変化について考察するものである。

しかし、未来は必然的に現在の世界構成のなかに書き込まれているとわれわれが考えるとき、われわれはその目的論的意味が内在性に帰せられると考える。このとき書き込みはあらかじめ書き込まれたものに転じるのである。

目的論は科学的因果関係の決定論的解釈に基づいている。あるいは、汎神論として分類される世界の歴史の神学的設計図——神は内在的規定者であるということ——に基づいている。

一方、内在性の唯物論的ヴィジョンは、現在の現実は広範囲にわたる可能性の領域としての未来を含んでいるという確信、そして多くの可能性からのひとつの可能性の選択は形態形成のプロセスのなかに決定論的な仕方であらかじめ書き込まれてはいないという確信に基づいている。未来はわれわれが想像することができる傾向性として現在のなかに書き込まれている。それは、持続的組み替えの不確実なプロセスのなかで看取される一種の前兆、粒子の震動的動きのようなものである。

内在性は論理的・必然的な一貫性を含有しない。現在は、われわれが現下の現実のなかに読み取ることができる必然的・線状的な事態の展開あるいは事態の一貫的構成としての未来を含んではない。内在性は数え切れないほどの分岐を意味し、相対立する多くの可能性が現在のなかに含まれている。現在の世界の状態は多くの可能性の震動的競争として描くことができる。カオス的震動はどのようにして特殊な出来事を誕生させるのだろうか？　多くの可能性のなかからひとつだけが抜きん出るという事態はどのようにして起きるのだろうか？

社会的世界の未来の状態は政治的意志の線状的効果によるのではなく、無限に複雑な諸関係や対立や媒介の結果である。われわれは、出来事の決定において、企図と現実化とのあいだにある、そしてひとつの意志と無限に一致する多くの意志の歴史的構成とのあいだにある非対称的な関係を、究極の異質発生と呼ぶ。

今日と明日の関係、世界の現在の状態と世界の未来の状態の関係は、必然的なものではない。現在は現在の線状的発展としての未来を含んでいない。多くの可能な形からのひとつの形の現出は、事態の分極化の不安定で暫定的な結果であり、ひとつのパターンの固定化である。

傾向性はある一定の方向への動きである。潜在性としての世界の複雑な震動は、対立的かつ共存的な傾向性の動きとして解釈することができる。傾向性は震動的プロセスのある時点に抜きん出て現れ、それが出来事を誕生させるのだと思われる。

産業的近代の絶頂期に、社会的活動の給与生活からの解放が社会的連結装置のなかに書き込まれた。それはとりわけ一般知性の潜在力と既存のテクノロジーとのあいだの関係のなかに書き込まれた。資本主義的搾取からの人間活動の解放は、ある傾向性と見なしうるひとつの可能性である。共産主義は資本の技術的構成や社会的意識のなかに内在していたものであった。

しかしながら、われわれが知っているように、この可能性は現実として展開することはなかった。資本主義的搾取からの人間活動の解放に向かう傾向性（これを私は〝共産主義の可能性〟と呼ぶ）は優位に立つことができなかった。

共産主義の可能性はボリシェヴィキ革命とその後の軍隊と国家による独裁の確立という事態によって消去された。

実際、レーニン主義の行動はマルクスが構想した構造的鎖を破断した。ロシア革命やパリ・コミューンは、生産過程のなかに書き込まれた構造的ダイナミズムの必然的展開ではなかった。これらの革命は時期はずれの出来事だった。しかし出来事というものは因果関係の鎖に合致するものではないので、すべての出来事は時期はずれなのである。ロシア革命は、社会革命はもっとも進んだ産業諸国で始まるというマルクス主義的確信に対する侵犯あるいは拒否として起きた。

出来事と構造は相互的・必然的な関係として描くことはできない。構造はいかなる出来事をも必然的にもたらすものではないし、出来事は構造のなかに含まれているものではない。

現在のなかに書き込まれている可能性の範囲をフォーマット的ゲシュタルトとして機能するひとつのパターンに還元することを、私はパラダイム的捕獲と呼ぶ。

実際に、可能性の現出と支配的パラダイムのあいだには対立紛争がある。パラダイム的捕獲は傾向性の展開を妨害・禁止し、可能性の多様性をある新たな（不安的で暫定的な）世界の状態に還元する震動を強固にする。

われわれは社会とテクノロジーの展開との関係を可能性とパラダイム的捕獲という観点から描くことができる。知識と生産とテクノロジーは、可能性の震動的フィールドのなかで結合している。テクノロジーは論理的関係の鎖ではなく、内在的・対立的可能性のフィールドである。電子的テクノロジーとデジタル・ネットワークは、それが発動した当初から、社会的諸関係と生産の変容のプロセスを可能にし、さまざまに分岐した進化の可能性への道を開いた。

デジタル・テクノロジーと人工知能の研究は、一種の未来のオートメーション化への入り口を開いている。

統計的自動装置——書き込みと事前書き込み

時間の無限性のなかで、際限のない分岐の鎖は、震動、選択、出現を生み出す。あらゆる瞬間に、物質は震動状態に入り、新たな連鎖が現れるまでさまざまに異なった可能性のあいだで揺れる。

意識の出現は進化の一結果であるが、それはまた反射的思考の次元への跳躍でもある。選択の次元である。進化の時間を意識が横切るとき、われわれはそれを歴史と呼ぶ。

そしてこのとき、分岐はさまざまな可能性のあいだの意図的選択として知覚される。

人間は意識的選択を行ない、多くの可能性のなかからひとつの可能性を選択するという特殊な能力を持っているように思われる。意識的選択は合理的な計算のプロセスであるだけではない。それは戦略的決定や倫理的判断を含み、美的好みを表現するとともに、情報的－心理的な刺激の流れに影響される。

未来はあらかじめ書き込まれていないので、そしてまた今日から明日への連続は一枚岩でもなければ確定されてもいないので、われわれの仕事は、現在の現実の組成や現在の意識のなかに横たわる未来の地層を判別することである。

可能的未来は、絶対的必然性、相対的必然性あるいは蓋然性、傾向性、不可能性と可能性といったものの絡み合いのなかで描くことができる。

絶対的必然性は今日も真理であり明日も真理であろう論理的言表として表わされる。人間精神の機能として書き込まれたそうした言表は、外部の現実とのいかなる関係も含んでいない。

カントは総合的文と分析的文を区別している。分析的文は、言表の中身が主語に含まれているので、自明的なものと見なすことができる。したがって分析的真理は必然的なものである。他方、相対的必然性は、一定の蓋然性や、法や力によって強要された存在状態の連結装置を含んでいそうな時間的に限られた複数の出来事の連結である。

「家賃を払わなければ、あなたは追い出される」というのは、相対的に必然的な可能的未来のケースである。ここには論理的に必然的な関係性はないが、社会的関係が慣例的なルールの実行の背景にあるということだ。この実行は、暴力や同意、あるいはオートメーションの力によって遂行される可能性がある。

不動産会社のコンピューターのなかには、家賃を払わない借家人は家から追い出されるということを含む論理的鎖がある。しかしこの関係は論理的でも自然的でもなくて、意志のオートメーションによって、そしてある社会的な〝力関係〟の自動的転写によって、強要されたものである。金融資本主義は自然的で論理的であると自称する技術－言語的関係に従っているとされる。しかしそのような関係はない。むしろ可能性の幅を狭隘な蓋然的つながりへと人為的に還元する関係があるだけである。

先行性——還元戦略としての決定論

現代のグローバル機械の先取的力は、データの大きな流れを規定通りに読み取る能力のなかにある。その結果生じる統計的予言は、フィルターバブルのおかげで、支持と主体性の排除に転化する。

情報技術の自動化は社会活動の生きた流れからデータを捕獲するが、それはグローバル機械の連結装置を社会的有機体の将来予期される状態に適合させるためであり、それと対称的に、社会的有機体の将来予期される状態をグローバル機械の連結装置に適合させるためである。私はこれをワーレン・ネイディックにならって〝統計的自動装置《スタティスティコン》〟と呼ぶことにしよう。

グーグルなどのサーチ・エンジンがわれわれの要望の先回りをし、われわれの欲望を形作ったりコントロールしたりすることを可能にするカスタマイズ化の技術を、イーライ・パリザーは〝フィルターバブル〟と呼んでいる。フィルターバブルはウォーレン・ナイディッチが〝統計的自動装置〟と呼んでいるものの一例である。つまり未来の出来事の蓋然性や予言可能性への還元装置である。先行性は統計的捕獲への補足をなす。未来に対する先行性は、未来の行動を妨げ、未来の行動から特異性を抜き去ることを意味する。

統計的自動装置のダイナミズムのなかで実際にデータをともなって発生装置として機能するのは鏡の効果であり、その効果が機械が社会的行動の先回りをしてあらかじめひとまとめにするように導く。

統計的自動装置は環境（この場合は社会生活）とともに展開するが、この共同的展開のための条件は、それらがあらかじめ構造的相同関係として書き込まれているということである。その相同関係が自動化された統治領域のなかで社会的相互作用を可能にするのである。

言表行為の主体は実際にコミュニケーションが成り立つように機械が理解できる言葉を使わなくてはならない。言表行為の主体が相互作用を可能にするフォーマットをひとたび受け入れると、相互作用が展開し始め、機械は生きた有機体に適合することができるようになり、生きた有機体の方も機械に適合することができるようになる。

統計的先行性は二つの相補的な作用をもたらす。ひとつはデータの大量の流れを記録すること。もうひとつは機械を生きた環境に適合させ、意識のある生きた有機体と機械の相互的適合をもたらすこと。

大量のデータは機械に適合能力を与え、同時にフィルターバブルは意識のある生きた有機体が機械からの予期される応答に従うようにうながす。

統計的先行性は統治的機能様式であり、政治的・経済的力の現代的形態、決定論の一発生形態である。

先行性は決定論的な罠として働く。それによって有機体の未来は生物技術的あるいは技術社会的な変形を通して作り変えられる。可能なことは捕獲され、単なる蓋然性に還元され、蓋然的なことが必然的なこととして押しつけられる。

　しかしながら、次にやってくる分岐のとき、新たな可能性が浮上する。そのとき、一般知性は標準規格的な連結装置から脱却して、新たに身体化する道を見つけることができるだろうか？　一般知性（世界中の多くの認知労働者《コグニタリアート》）は、官能的、美的、倫理的な身体を見つけることができるだろうか？

　未来は、コードの必然的発展としてではなく、内在的可能性として、現在のなかに書き込まれている。可能的未来は未来の多面性を参照する。未来の複数性は現在のなかに書き込まれている。意識はこうした複数の可能性のあいだからの選択において決定的な役割を果たすファクターのひとつであり、社会構成を変える流れのなかで絶えず変化していく。

　認識のオートメーション化プロセスが進行中である。グローバル機械の節合（インターフェイス、アプリケーション、等々）が増殖し、社会的精神のなかに入り込んでいる。身体と精神は隅から隅まで接続可能的《コネクティヴィティー》構造によって浸透されている。

　コードは情報神経の接続回路のなかに書き込まれていて、われわれはこの接続プロセスに相対しながら、しばしば発展途上にある一種の神経全体主義から脱却する道はないという考えに導かれる。

　私は脱却の道を見つけようとしているが、この脱却の道は一般知性の身体的接続として存在し、埋め込まれたコードよりも広いことを知っている。また一般知性のダイナミズムは、現働化されたコードの決定論的複製からの思いもかけない逸脱に通じるかもしれないと思っている。

現在の沈滞状況（心理的かつ経済的な）は、いかなる決定論的な未来計画にも真理はないという意識を曇らせている。われわれは、金融、グローバル競争、軍事的エスカレーションといった技術言語的自動化の罠にはまっているのではないか。しかし、一般知性の身体（多数の認知労働者の社会的・官能的身体）は脳的連結装置よりも豊かである。そして現在の現実は現実の上に押しつけられたフォーマットよりも豊かである。なぜなら現在のなかに書き込まれた多種多様な可能性は、たとえいま活気がないように見えても、全部が全部無効化されているわけではないからである。

可能なことは内在的に存在している。しかしそれは現実化のプロセスのなかへと展開することはできない状態にある。

現在の社会的身体の構成のなかに書き込まれた可能性の不活性状態は主体性の不能《インポテンツ》の結果である。この百年、労働者の社会的主体性は、連帯、自立、福祉といった形態を経験したが、百年後のいまそれは力を失い、一般知性や社会的連帯のなかにある潜在的力を表現することができなくなっている。

賃金労働の義務から社会的時間が解放される可能性は、まだ存在している。それは多数の認知労働者の協同的知識のなかにあるが、この可能性は現在浮上することができないでいる。というのは政治的不能のためであり、私はそれを本書のなかで描写し、分析し、乗り越える道を見つけたいと思う。

この主体性の不能は、顕在力が人間の意志や決定力や統治力から独立して、技術と言語のオートメーション化された組成のなかに書き込まれ、全面展開するようになった結果である。

社会的 - 精神的葛藤と可能性の地平

人は考える／馬は考える／羊は考える／牛は考える／犬は考える／魚は考えない／魚は無言、何も言わない／なぜなら魚は知っているからだ／すべてを。

イギー・ポップ＆ゴラン・ブレゴヴィッチ『ディス・イズ・ア・フィルム』

この本は社会的な可能的未来の精神的予言地図を作成しようとするものである。精神的領域の社会的生成についての研究（あるいは予言）ということである。

われわれはこうした観点に立って、現在のカオス的な社会的精神の震動から発する進展の道筋を見きわめようと思う。

このカオス的震動は、現在われわれの周囲で侵略的狂気が広がっているおよそすべての領域のなかに見て取ることができる。イスラム国、ドナルド・トランプ、金融による緊縮政策の強制、国家社会主義の出現といったものは、現代の流行性精神病のしるしである。

われわれは毎日、レイシズムやファナティズムそしてそれに次ぐ暴力の波の高まりに抗っても、どうしようもないという気分に襲われている。実際、この波は政治的決定でもなければ、イデオロギー的・戦略的な動きの結果でもなく、絶望のもたらした結果であり、長きにわたる屈辱へのリアクションなのである。抽象的なコンピューター機械の完璧な合理性、金融暴力からの脱却不可能といったものが、社会的有機体の意識と感性を危険にさらし、そこから生じた失望が、憐憫を感じたり共感によって行動するという人々の能力を縮減した。

狂気の発症か？　絶望と攻撃をもたらす系譜は社会的・政治的原因によってたどり直すことができるが、私はこの終末期にあたって、政治的思考そのものが不能《インポテンツ》になっていると考える。この感情的疲弊を治療する唯一の道は、社会的有機体の隠された潜在力の感情的再活性化であろう。二〇一一年に展開された〝オキュパイ運動〟は、社会的有機体が有している連帯のエネルギーを呼びだすための最近の主たる試みであった。しかしながら、この運動の最終的結末はいかにも貧弱なものであったために失望が生じて、それが残存していた人間的連帯の感情を破壊し、社会的有機体は首を切られてもなお物理的エネルギーを有している体のようになった。しかしこの首を切られた体は、もはやその物理的エネルギーを理にかなった方向に導いていく能力を有していない。

私は近代の社会的文明の解体を精神病理学的な観点から審理することができると確信してい

るわけではない。会社の経済的利益や、教養も道義心もない政治屋たちのシニシズムが、現在見られる狂気の爆発への道を準備したのだ。

たしかに不能は不均衡の兆候である。(〝理性的〟)世界の尺度であった理性的思考は、もはや現代の人間関係のネットワークの複雑性を治めることはできなくなっている。

この不均衡は無秩序という意味合いで狂気あるいは精神障害と呼べるかもしれない。しかしながら、狂気をどう定義するかについては、さまざまに異なった観点を区別しなくてはならない。

狂気は合理的・理性的な日々の生活の営みの余白に現れる例外的な出来事なのだろうか？狂気は社会全体を維持するための継続的会話を混乱させるどうしようもないものなのだろうか？

狂気を管理されるべき、そして懐柔し、治さなくてはならない周辺的《マージナル》で避けがたい妨害物と見なすなら、われわれは重要な点を見過ごすことになる。狂気は隠したり固定したりすべき事故と見なされてはならない。狂気は進化のバックグラウンドであり、われわれが現在モデル化し暫定的秩序に変えようとしているカオス的事態なのである。

私がここで言う秩序は、予言可能性、規則性といったものについて幻想を共有することを意味する。短期あるいは長期にわたって、数分間あるいは数世紀にわたって維持される未来に投影された幻想。われわれが文明と呼ぶものを誕生させるのはこの幻想である。

われわれは狂気の二つの面を区別しなければならない。世界の現実的無意味性、出来事を取り巻くマグマ、刺激物のコントロール不可能な増殖、目も眩むような存在の回転といったようなものである。この狂気は、意味の創造、根拠なき知識の構築、有意の全体としての世界の発明といったものの必要前提条件である。

ついで、狂気の主観的側面とでも言うべきものがある。物がどこかに消えてしまうという苦痛、速度や雑音や暴力によって圧倒された不安感、パニック、精神的カオス。

苦痛はわれわれが見つけることができない世界の秩序——なぜならそれは存在していないから——を探すようにわれわれを押しむける。世界の秩序は存在しないが、この秩序への熱望は存在する。それをエントロピーの深淵に架橋したり、さまざまに異なった特異な精神のあいだに架橋したりするための動機である。この接続から世界の意味は呼び起こされ作られる。記号作用が共有され、呼吸が合うようになる。

根拠なき意味の構築のための条件は友愛関係である。世界の唯一の一貫性は意味を打ち出す行為を共有することのなかに存在する。言表行為の主体のあいだの協同である。

友愛関係が解体し、連帯が停止され、諸個人が孤立して暗い事態に直面することになると、現実はカオス状態に逆戻りし、社会的環境の一貫性は人々のアイデンティティーを求める強迫観念の強化へと還元される。

可能性の出所としての震動の範囲を狭め、未来の出来事の予測不可能性を縮小しようという試みのなかには、どこか強迫観念的なものがある。

ヴィトルド・ゴンブロヴィッチは次のように書いている。「私は私の周囲の形状を構成することにおいて、どれほどまで犯罪的であったか、一度もわかったことがない。そう、犯罪者は犯罪の現場に戻り続けるのだ！　さまざまな群れや唸り、川の流れる音など……いかに多くの音や形がわれわれという存在に絶えず到達するかを考えてみると、それらを形として構成することはいかに安易なことかと思う。形として構成する！　この言葉は暗い森のなかの野獣のように私を絶え間なく驚かせる。しかしその思いは、時経たずして、ここに座り、話し、食べ、飲む人々の喧噪のなかに沈み込んでいく(9)」。

『神曲』〔ダンテ〕の「地獄篇第二六歌」のなかで、ウリクセースは「櫂を翼とした狂気の飛翔」と言っている。

夜明けに／われわれは船尾を櫂につくり変え／無分別な飛翔のために／櫂を翼にして／左へ左へと進んだ

知識に至る飛翔は狂気（無分別）であり、それは既成の理性の限界への挑戦なのだ。

近代世界は、無分別な地理的探検から、世界の境界はどこにあるのかという問いに答えようという欲望から生まれた。

私は誰なのか、私はどこから来たのか、という答えられない問いに答えようとする痛みをともなう冒険的探究精神。

近代世界は非神学的秩序の探究の結果である。そしてこの探究は、（〝合理的〟）秩序の計測基準を時間と労働と価値の蓄積と見なすブルジョワ秩序の確立に至った。

この秩序は記号論的組織化に基づくとともに、中世の古い神政的秩序の爆発と、印刷技術や航海術の技術革新にともなう人間の経験の拡張によって解き放たれたエネルギーをコード化する。この秩序は情報や発見やテクノロジーの進化的流れに意味を与える指名行為の結果としてできたものである。

そのときからエントロピーが生じ、この秩序をゆっくりと分解していく。資本主義のサイクルの末期に至って、労働によって生産された富は悲惨な結果を招き、知識の自由は経済的ドグマに依拠した新たな神学によって制限されることになる。しかしドグマの強化は計測基準に基づいた古いブルジョワ的因習に取って代わることはできない。労働時間と労働価値が分岐し始めるとき、そして情報刺激の速度が合理的作業にとって早くなりすぎるとき、狂気が社会システムの共通言語になる。

資本主義は死せる犬であるが、社会は腐った体から抜け出ることができないでいる。社会的精神はパニックと激しい不能に蝕まれ、絶望に至るまでになっている。

社会的精神は世界の革新的構成によりよく適応することができる新たな記号化の形を求めて

いるが、その創造にかかわる震動が痙攣という形を取り、魂と体が激しい痛みをともなう衝撃に見舞われている。

痙攣のしるしはいたるところに見られ、それに対する反作用はさまざまなパラノイア的様相をもたらしている。ドナルド・トランプはアメリカの過去の栄光を自慢し、拷問の合法的使用を求めている。ヨーロッパ連合（EU）は、金融絶対主義とナショナリズムの侵略的高揚に引き裂かれ、トルコやエジプト、リビアの海岸に移民の強制収容所をつくっている。イスラムの熱狂的軍隊は神の名において罪なき人々の首を切り落としている。フィリピンでは、自称人殺しが大統領に選出され、社会的脱落者に対して大衆的暴力をふるうことを呼びかけている。

ヒトラーが敗北してから七十年後、ヒトラーは一ダースもの模倣者に増殖して戻ってきたのだ。しかも彼らのなかには核兵器をもっている者もいる。

社会的慣習は一掃され、想像力が濾過されずに社会的精神に侵入している。分裂が可能性の地平を求めて多くの方向に展開しているが、それはこの地平の追究に形を与えることができないでいる。

この十年、社会的精神は二極的無秩序の渦に囚われてきた。多幸症と悲しみの長い持続は、現在の長期的停滞と確固たる不況（鬱状態）に至り着いた。

可能性の地平は、連結装置の無限のスプロール〔無秩序な拡大〕のなかで、光ってはすぐに消えるものとしてしか知覚されていない。この知覚は不安とパニックを生み出す。秩序型のパラノイア的強迫観念は可能性の地平を反復と所属とアイデンティティーに還元しようとする。
顕在力は潜在力のなかにある既存の諸関係の実体化、既存の〝力関係〟のなかに含まれる必然性の密かな絶対化に基づいている。そこでは、パラノイア的固着化をうながす力が結集し、自己同一化の儀式を通して世界が圧縮されていく。そしてルールの相対的必然性が恣意的に絶対的必然性に変質する。資本主義の絶対性はこの詐欺的な論理に基づいている。資本蓄積、利潤、経済成長といったものが秘密裡に自然法に変えられ、経済のフィールドがこの詐欺を正当化するのだ。

社会が危機の局面に入り、クラッシュに近づくと、可能性の地平がかすかに見えてくる。この地平はそれ自体としては判別しにくく、この地平と接する領土も描いたり地図化したりしにくいものではある。

可能性の地平はイグナシオ・マッテ・ブランコの言葉によってうまく表現されている。彼は無意識を定義しながら次のように言う。「無意識は無限の連結集合体と干渉しあうが、そのことによって数えうるものの力を持つだけでなく、連続するものの力をも持つことになる[10]」。

記号的領域の爆発的拡張、記号的シミュレーションの決定的強化は、同時に可能性の地平を増大させるとともに、社会的神経システムのなかにおけるパニック効果をも増大させた。

こうしたパニック状態の下においては、理性は出来事の流れを統制したり情報領域において記号シミュレーションを処理することができなくなる。そうすると、分裂症的な様態が社会的精神のなかに広がる。しかしこの苦痛は両刃の剣である。つまりそれはどうしようもなくカオス的ではあるが、同時に新たな認知的リズムの出現に先立つ震動と見なすこともできるからである。

D・E・キャメロン〔ドナルド・エヴァン・キャメロン（一九〇一〜一九六七）、アメリカの精神科医〕によると、分裂症《スキゾフレニー》は過剰な包摂的解釈様態として定義することができる[11]。実際、分裂症的思考は身近にはない多様な物象や環境の刺激をひとつの言表行為のなかに〝詰め込もう〟とするように思われる。分裂症者は身近な刺激だけに注意を限定することはできないように見える。というのは、彼らは出来事や徴候の意味を過剰に拡張するからである。

そうであるがゆえに、ガタリは分裂症者をパラダイムチェンジ（ガタリの物言いによると〝カオスモーズ〟〔世界の生成変化のメカニズムを言い表すためにカオス（混沌）とコスモス（宇宙）とオスモーズ（浸透）を組み合わせたガタリの社会哲学的造語〕）の担い手と見なすのである。実際、分裂症者は、隠喩的言表行為の限界を認識する能力を失い、したがって隠喩を描写と見なすようになった人たちなのである。分裂症者は全面的に新しいリズムを浮上させることができるかもしれない合理性を超えた実験の主体なのだ。

このような次元をわれわれは〝カオス的〟と呼ぶことができる。なぜならそれは既存の秩序の法則に対応しないからである。しかしながら、可能なことはこのカオスの領域から出現するのである。

可能性の無限性の直観は現代のパニック状態を源泉としている。このパニック状態は苦痛をともなった痙攣として描き出すことができる。しかしガタリは、痙攣はカオスモーズ的側面を持っていると言う。カオスの強度が極度に高まったところから、新たな宇宙《コスモス》が出現するのである。

第一部　潜在力

この第一部で、私は人間の行動不能性が広がっている現状から出発して、潜在力の近代的系譜をたどり直すことにする。まずオバマの戦略の意味を読み解くことから始める。オバマはその傑出した知的・政治的能力（おそらくアメリカ合衆国の政治的階級の平均以上の能力）で、理性と政治的技術が希望を実現する潜在力、そしてアメリカ社会と世界の傷を癒す潜在力を持っていることを証明しようとした。しかしながら、この実験は最終的に不能《インポテンツ》を証明することになった。不能はこの本のキーワードである。なぜなら不能は、技術的・地政学的に超複雑化したこの時代に、潜在力が身にまとう形状にほかならないからである。

ドナルド・トランプの台頭とマッチョ・ファシストの世界的規模での増殖によって露出してきた民族崇拝の再出現は、不能の裏返しである。暴力が政治的媒介に取って代わっているが、それは政治的理性が潜在力を決定的に失っているからである。

白人中産階級は金融の自動化の超複雑性を理解しコントロールすることができず、これが社会的不能感をもたらしているのだ。

同時に、西側の軍事システムはテロリズムを打ち負かしたり抑制したりすることができない。不能感は欲求不満に陥った超マッチョ主義と綯い交ぜになった白人至上主義者の恐るべき台頭として表現されている。「アメリカを再び偉大な国にしよう」というわけだ。

この第一部で、私は西洋人の精神の現在の鬱状態の哲学的系譜をたどり直す。ショーペンハウアーとハイデガーを白人男性の衰退という観点から読み直したあと、同じ観点からウエルベックの物語的想像力を位置づけることを試みる。

最後に私は、近代のエネルギー中心的スタイルが不能と不適合感に取って代わられた西洋の民衆の老化について説明することを試みる。

第一章　不能《インポテンツ》の時代

背中を窓ガラスにこすりつけながら／通りを滑る黄色い煙には／もちろん時間の余裕があるんだろう／君が会う顔に会うため顔をつくる時間の余裕もあるだろう／人を殺したり何かを作ったりする時間だってあるんだろう／日々あらゆる仕事をする手が／疑問を持ち上げ君のお皿の上に落っことす時間だってあるだろう／君にも時間が僕にも時間がある／トーストとお茶をとる前に／百度も決断をしぶっている時間もあるし／百度も幻を見たり見直したりする時間もある／部屋のなかでは女たちが行き来している／ミケランジェロの話をしながら

T・S・エリオット『J・アルフレッド・プルーフロックの恋歌』より

悪魔払いの失敗

私はオバマを信じていた。二〇〇八年の夏の終わり、世界の秩序が揺さぶられていたとき——ブッシュの戦争が破局に至り、大銀行が崩壊していたとき——、私はこのアメリカの新大統領が、新たな可能性、新たな未来の出現を予告していると思った。私はおとぎ話を信じるほど無邪気ではなく、バラク・オバマの文化的バックグラウンドが特権的エリートに属する理性的新自由主義者であることを知っていた。しかし彼以前に権力の座にいた無知で利己的な戦争屋たちと比較して、オバマの思想と指針は平和と社会正義の新たな時代に道を拓くものと考えた。

二〇〇四年、若きオバマがイラク戦争反対を唱えたとき、世界は彼となじみになった。彼の屈託のない表情、その比類のない美貌、その多人種混交のエレガントな顔立ちが、彼はポスト政治時代のリーダーであり、ポスト国家主義時代——そのなかで民族的アイデンティティーが溶解してグローバルな文化的人間性が誕生する——の到来を告げるアメリカ知識人の代表であると、私に思わせた。

そう、黒人大統領は、私のように六〇年代に育った人間にとって天の思し召しだったのだ。前世紀においては、われわれのような良き共産主義者（良き共産主義者は存在する。私はそうした人間にたくさん出会った）は、世界を暴力や戦争や搾取から解放しようと試みた。もちろんわれわれはそれを成し遂げることはできなかった。悪しき共産主義者の方がまちがいなくわれわれよりも大きな影響力を持っていた。

われわれが成功しなかったのは事実だ。社会主義への道は全体主義的ボリシェヴィキや体制追従的な社会民主主義者によって排除されてきた。

そしていま、オバマのような人物への方向転換が起きているのだ。多分そういうことなのだ、と私は自分に言い聞かせた。

出来事の力が実ったように思われた。黒人大統領は私のような人間が二十世紀にやり損なったことを実現するための絶好の位置にいると思われた。

戦争は恐れを生み出し、誰にとっても敗北をもたらす恐るべきものであることが証明された。そしてオバマは、ブッシュ体制の構想したイラク侵略にノーと言うことで信頼を得た。これは二〇〇八年の民主党予備選挙で対抗馬として立ったヒラリー・クリントンが、愛国的呼びかけを拒否しなかったのとは大ちがいである。したがってオバマは未来の戦争を妨げる位置にいるように見えた。

リーマン・ブラザーズのクラッシュとサブプライムローンの危機は、金融資本主義体制を変えるための条件をつくるのではないか、と私は期待した。

オバマは〝イエス・ウィー・キャン〟というスローガンを掲げて前進しようとしたが、これは見当違いではなかった。なぜ、一政治家が〝イェス・ウィー・キャン〟などと言わねばならないのか？　アメリカはすでに世界最強の国ではないのか？　アメリカ合衆国の大統領は地球上で最強の人間ではないのか？　政治は力が行使される領域ではないのか？

なぜオバマは〝イエス・ウィー・キャン〟などということを人々に喚起する必要があったのか？

この三つの単語は明白な宣言ではなかったが、非常に強力な声明であり、この男が賢いということ、そして真の問題をゼロから取り上げようとしているということの証明でもあった。オバマは、アメリカ人が自信を回復したいと望んでいることを知っていて、この〝ウィー・キャン〟という言い方を使ったのだ。われわれは力を持っている、だから〝ウィー・キャン〟なのだ。何があろうとも、われわれはできる。われわれは戦争の悪循環から脱却できるし、グアンタナモ基地を閉鎖することができるし、ブッシュ時代の野蛮な遺産を取り消すこともできる。われわれは金融の侵略的力を妨害することができるし、人種差別の歴史やアメリカの警察の暴力に終止符を打つこともできる。

そして現在、この約束であるとともに悪魔払いでもあった公約から八年後に、私はこの文章を書いている。

悪魔払いは失敗に帰した。約束は守られていない。

ティモシー・イーガンは、「いかなる客観的基準に照らしても、おそらくオバマ大統領は、フランクリン・ルーズベルト大統領以来もっとも実績を残した大統領であった(1)」と書いた。公平を期して、ポール・クルーグマンの評価も引用しておこう。

かなり広い範囲で予測されたオバマ再選は起きなかった。ガソリン価格は高騰しなかった。株価は下落しなかった。経済はクラッシュせず、アメリカ経済はオバマ政権下で上向き、民営部門の仕事も二倍以上に増えた。これはブッシュ政権下を超えるものだ。また失業率も、ミット・ロムニーが二〇一六年の終わりの到達目標として約束した率よりもはるかに低い(2)。

オバマはまちがいなくアメリカ合衆国の歴史のなかでもっとも実績を残した大統領だった。しかしながら、戦争は再びより危険なかたちで拡大し、以前にもましておかしなものになっている。グアンタナモはかつて以上に恥ずべきかたちでまだ存在する。コロンバインやニュートンやオーロラなどで起きた多くの凶悪な事件にもかかわらず、銃はアメリカのあらゆる町でまだ売られ続けている。気候変動はとどまるところを知らず、汚染排出物は増え続け、減少の気配を見せない。そしてアメリカはエネルギー消費を削減する気配はない。さらにアメリカ人はかつて以上に不寛容になり、すぐに憎悪をたぎらせるようになっている。アメリカ人の無意識は黒人大統領のスキャンダルにけたたましい反応を示す。そして重く激しい人種差別が広がり、警察官に殺される黒人の数が黒人の命の軽さを明瞭に証明している。白人中年労働者たちは、失業と超搾取、鬱と孤独によって打ちひしがれている。ヘロインが田舎にも蔓延し、過剰摂取によってかつて以上に死者がでている。

銀行システムの救済後、高収入者に対する課税引き上げにもかかわらず、そして雇用が飛躍的に増えたにもかかわらず、アメリカでは西欧世界と同様に労働者の賃金はきわめて低いままである。

毎日といっていいほど誰かが景気回復と雇用について話している。しかし実際のところ、失業はアメリカを除いて世界中で増えている。しかしそのアメリカでも、労働はますます不安定になり、賃金も低下の一途をたどっている。

オバマが大統領をしている間に、新しい社会運動がアメリカで出現し、ニューヨークの証券取引所近くのズコッティ公園などの公共空間を平和的に占拠した。これを彼らは〝オキュパイ・ウォールストリート〟(ウォールストリート占拠運動)と名付けた。しかしその結末は好ましいものではなかった。ズコッティ公園占拠のちょうど一年後、ハリケーン・サンディがマンハッタンを襲い、マンハッタンや近隣地区の住民を一掃したのである。オキュパイ運動の活動家のなかには〝オキュパイ・サンディ〟を立ち上げ組織化のために努力する者もいたが、われわれは立ち直れないままおいてけぼりを食っただけだった。

現在、ズコッティ公園に行くことがあったら、くれぐれも警察官に注意するように。三人以上の集まりは禁止されているからだ。

社会生活はいたるところで金融手段を持っている連中に略奪されている。どこにおいても社会は略奪する連中から身を守ることができないでいる。

そしてアイデンティティーを掲げる侵略がいたるところに広がっている。アメリカでは白人人種主義がくきりと再浮上し、KKKのような黒人攻撃組織が毎日活動を強化している。

私はオバマを信じていた。しかし、彼の第二期がなくなったいま、私は悲しいけれど、彼の行ないでもって政治的希望は終わったと確信せざるをえない。オバマはある時点で、彼の哲学を二〇〇八年の希望に満ちた〝イエス・ウィー・キャン〟からシニカルな〝愚かなことはするな〟へと変えたのである。

わかった、と私は自分に言い聞かせた。〝愚かなことはするな〟は現代世界の複雑さを考慮したプラグマティックな妥協である。そして私は、多くの不法移民を保護し彼らにアメリカ合衆国で合法的に働く権利を与えるという計画を最高裁が拒否したとき、オバマ大統領の統治が最終的に沈没するのを目撃した。さらに、中央アメリカの移民を追放するというオバマの行政府とメキシコ大統領との無節操な協力も起きた。

以下は「ニューヨーク・タイムズ」の記事である。

オバマとペーニャ・ニエトは、メキシコ南部の中央アメリカの絶望的難民たちを、アメリカの国境まで到達する前に阻止するために、二年間にわたって協力した。これらの難民たちはだいたい彼らの本国に送還され、死刑判決を受けることにもなった。

アメリカ合衆国とメキシコの共謀は二〇一四年、合衆国に渡る中央アメリカ人のうねり——なかには親の付き添いのない五万人の子どももふくまれていた——のあとに始まった。オバマはこのうねりに取り組むために〝具体的な提案をしようと〟ペーニャ・ニエトと話をした。その結果、メキシコ南部の国境近くで中央アメリカ人を阻止し、本国に送還することになった。この計画を支援するためにワシントンは八千六百万ドルの拠出を約束した。オバマは人道的危機に取り組む努力をしようとしたにもかかわらず、むしろ危機を悪化させた。メキシコを横断する昔からの小道は危険であったが、検問所を避けるための新たな道はさらに危険である。

死に追いやられることもあるこの政策の犠牲者たちのなかには、十三歳の少年カルロスのような経験をした人間もいる。彼は額に傷跡があるが、これは彼の叔父がギャングに処刑されている最中に、ギャングに地面に叩き付けられたときに負った傷の跡である。

移民政策研究所によると、この五年間に、メキシコとアメリカ合衆国は四万人の子どもを含む八十万人の人間を中央アメリカに追放した。メキシコは、昨年一年だけで、この五年間に追放したよりも五倍以上の親の付き添いのない子どもたちを本国に送り返している。そしてオバマ政権はこれを成功として喧伝している。(3)

私のヒーローは臆病者なのだろうか？　オバマは自分の信念や道義心を自分の地位とひきかえに捨て去るシニカルで冷酷な出世主義者なのだろうか？　私はそうは思わない。基本的には屈辱が彼を絶望させたのだと私は思う。

われわれは、民主主義は終わった、政治的希望は消滅した、ということを、彼の経験や承認に基づいて、熟考しなくてはならないと、私は思う。

書くことと波乗りすること

私はこの時代に波乗りするような書き方はしたくない。それはとても危険なことを私は知っている。しかしながら私は、まだ見つけられていなくてもあちらこちらに見え隠れしているしるしを解釈する喜び（曖昧で自虐的な喜びではあるが）を諦めることはできない。そう、この本は変化の潮流を描き出す試みなのだ。

われわれはサッチャーの時代からトランプの時代へと移行している。これは現在の世界生成についての私の一般的解釈である。ポピュリズム体制と呼ばれる反グローバリズムの戦線が西側世界で姿を現わしているが、これは白人種（この言葉を使うとき、それがなんら科学的根拠はないことを私は知っているが、それはまた強力な政治的神話として機能することも私は知っている）の人口的・経済的な衰弱の空間のなかで起きている。トランプがアメリカ合衆国の大統領に選ばれたことは、資本主義グローバリズムと反動的反グローバリズムの世界規模における対立紛争の当面の着地点である。

ヴェルサイユ条約のあと、ドイツは突然貧困化し、長期間にわたる屈辱に従属することになった。そうした状況下で、ヒトラーは好機を見いだし、ドイツ人が自らを搾取される屈辱的労働者階級ではなく優等民族と見なすよう焚き付けて勝利への動きをつくりだした。この手法はそのとき機能しただけでなく、現在もさらに広い範囲で再び機能しつつある。ドナルド・トランプ、ウラジーミル・プーチン、ヤロスワフ・カチンスキ〔ポーランド〕、ヴィクトル・オルバン〔ハンガリー〕、マリーヌ・ル・ペン〔フランス〕、ボリス・ジョンソン〔イギリス〕などなどが、白人種の衰弱が始まるなかで、白人種の潜在力への願望の具体化によって勝利の機会をつかむことができるという臭いを嗅ぎつけた、たいした教養を持たない大小の政治屋たちが登場している。

人種主義的アピールが強まり、ボリス・ジョンソンはオバマのことを〝ケニヤ人の片割れ〟と呼んでいる。人種主義的恐怖はヨーロッパ連合の反移民政策を底支えしている。この人種差別の再出現は、西側世界における植民地主義の遺産が労働者階級の社会的敗北と結びついたものである。

驚くべきことに、現在の世界生成のなかから私が嗅ぎつけた潮流は、反グローバリズム勢力の異質混交的戦線統合であり、国家社会主義の再出現であり、グローバリゼーションの結果生じたとされる白人種の衰弱に対する広範囲の反動である。いま世界中で台頭している反動的戦線の社会的座標軸は敗北した白人労働者階級なので、私は国家労働者主義について語りたいと思う。

マリオ・トロンティ〔イタリアの思想家〕は、産業労働者に対して、抽象的理想のためではなく物質的利益のために闘う〝無教養な異教徒的階級〟というラベルを貼った。産業労働者階級が現在、一九三三年のように、ナショナリスト・レイシストに転換しつつあるのは、物質的利益のためである。トランプが勝ったのは、彼が貧困化した労働者の手のなかにある武器を代弁したからであり、また左翼が彼らをこちらは武器を持たせずに金融資本の手のなかに引き渡したからである。不幸にも、この武器はやがて労働者自身に向けられることになり、彼らは人種戦争へと導かれることになった。

このヨーロッパ＝アメリカの反グローバリズム・レイシストの戦線はもちろん三十年にわたる新自由主義による統治の産物である。しかしヨーロッパでもアメリカ合衆国でも、昨日まで、保守主義者といえばグローバリストであり新自由主義者であったが、もはやそういった状況ではなく、事態は複雑化している。

無気味に現出しつつある戦争は、すでに三つの異なった戦線で戦われている。第一の戦線は、統治の手綱を強く握り締め、緊縮政策と民営化を予定通り遂行しようとする新自由主義的力をめぐるものである。第二の戦線は、白人の怨念と労働者階級の絶望に基づいた反グローバルのトランプ主義をめぐるものである。第三の戦線は、舞台の奥に陣取って台頭しつつあるテロリズムの死の帝国をめぐるものである。これら三つの戦線は、宗教的偏狭、民族的熱狂、経済的戦略といった異なった外観のなかに潜んでいて、私はこれを致死的資本主義と位置づけている。

テロルをめぐる戦争の主たるターゲットは、いまのところグローバル・ジハードであるが、これは早晩、資本主義グローバリズムと世界規模の反グローバル国家社会主義（これは〝プーチン＝トランプ主義〟と名付けることができる）との戦争に道を開くだろう、と私には思われる。

民主主義は戻ってこない

私は不能《インポテンツ》を無力と同一視しない。力の足りない人々が自主的に行動し、自己組織化の形態をつくりだし、既存の権力を転覆することも、これまでにあった。しかしこの不安定きわまりない時代にあっては、力の足りない人々は社会的自立の実効的形態をつくりだすことができず、自発的変化を実行することも、民主主義的方法で変化を追求することもできないでいる。なぜなら民主主義は終わったからである。

民主主義の棺の最後の釘のひとつは、二〇一五年の夏に打ちつけられた。それは民主的に選出されたギリシャの反緊縮政権が金融界の脅迫に屈伏することを余儀なくされたときである。二千五百年前に民主主義が発案されたまさにその場所で、民主主義は停止したのである。というよりも、われわれがヨーロッパ連合のなかで直面していることは、単に民主主義の一時的中断ではなく、政治が金融技術の自動化システムによって最終的に取って代わられたということである。

民主主義の再活性化を期待し、そうした目的のために闘うことは、今後は無駄な努力であろう。なぜなら、ほかならぬ政治的理性（とりわけ民主主義的政治）が有効に働くための条件が溶解したからである。私が言っているのは、政治的あるいは軍事的敗北のことではない。近代の歴史過程においては、善なる連中は幾度も敗北を喫している。しかし彼らは抵抗し、立ち直り、最後には、民主主義ゲームを勝ち抜くことによって彼らが必要としたことを達成してきた。しかしこういうことはもう起きないと私には思われる。民主主義のためのシステム的条件は、不可逆的過程が普及することによって消え去った。非物質的労働による奴隷状態、非物質的隷属は不可逆的である。なぜならグローバル労働市場は、国境を超えた労働者間の競争を要求し、いかなる社会的連帯をも先行的に無意味化するからである。人間の声よりも電子スクリーンから多くの言葉を学んだ子ども世代の道徳的・心理的欠乏は不可逆的である。北極の氷河の溶解は不可逆的であり、経済的競争と軍事的侵略のスパイラル現象は不可逆的である。

民主主義のための条件は（少なくとも）二つある。すなわち、政治的意志決定の自由と有効性。この二つがともに解体されたのだ。言葉が技術の規則に従属し、技術言語的自動化が社会的諸関係を制度化して以来、自由は空っぽの言葉になり、政治的行動は有効性や重要性を失うことになった。したがって、価値や原則の再活性化を期待し、民主主義に望みをかけることは、自己欺瞞なのである。なぜなら、真の決定は機械的連結装置によって吸収され、その代わりに、民衆の怒りはナショナリストやレイシストによって組織化されることになったからである。

新人間の精神－認識的構成（彼らの認識的ハードウェアのこと）は過去のヒューマニズム的

文化のソフトウェアを受け付けない。そうであるがゆえに、〝自由〟とか〝平等〟とか〝友愛〟といった言葉は状況的な意味を失ってしまったのである。

このような変化の始まりの時期を正確に確定することができるだろうか？　それはまず無理である。しかしながら私としては、それは一九七七年であろうと思う。この年は試験管の中で生まれた最初の人間ルイーズ・ブラウンが登場した年である。

もちろん同じ年にはさらに多くのことが起きている。シリコン・バレーではスティーブ・ジョブズがアップルをつくった。ロンドンでは、シド・ヴィシャスが〝ノー・フューチャー〟と絶叫した。イタリアの諸都市では、前世紀最後のプロレタリア蜂起が起き、新世紀の不安定労働者の蜂起が登場しつつあった。

そのときから、われわれは、変化とか変革、あるいは革命といったことよりも、なにかしら深い動きを目撃するようになった。いうならば、われわれは、人間や社会組織の分子的構成の変化を目撃するようになったのだ。テクノロジーは、大気圏を構成する化学的物質、情報圏を構成する記号的実体、そして人間活動の精神 - 認識的同化様態などを作り変えた。これが政治的可逆性が不可能な理由である。また意志的行動が不能になった理由である。意志力は不可逆的過程に直面したとき途方に暮れるのである。

意識的決定力はこうした不可逆的変化を引き起こした重機械を解体することはできない。この変化は人間精神全体に広がり、これを配列し直した。そしてその結果、意識性、意志力、行動といったものの力を奪い去った。

こうして一種の麻痺が意志的有機体を占拠することになった。認識的・情動的不調は、悪と対立する意識的行動が無力であることから生じる。つまりわれわれはわれわれ自身の不能《インポテンツ》を感じ、われわれの苦痛は政治的プロジェクトによって取り除くことができるものではなく、精神薬理学によってしか除去できないと感じるようになるのである。

想像力

この不能《インポテンツ》の時代における未来への想像力はいかなるものであろうか？

映画を見てみよう。ショービジネスの世界ではディストピアが流行っている。ハリウッドのヒット作は暴力的かつ陰欝な未来をわれわれに知覚させる。

『ハンガー・ゲーム』シリーズは映画史に残るもっとも大きな成功をおさめた作品のひとつである。この映画の原作の読者同様、若者がこの映画の観客の大半を占めている。この映画シリーズが描く未来世界は、人間の意識にとって倫理的に耐え難く不快なものなので、単純な観客はこの映画を、経済権力の軍事化によって引き起こされた社会的不安定や暴力に対するラディカルな政治的告発と見なすだろう。しかしながら、この映画を作った者たちの意図からこれほどかけ離れた解釈はない。そしてさらに重要なのは、若い映画ファンがこの映画のメッセージを受け取り解読する仕方から、これほどかけ離れた解釈はないということである。『ハンガー・ゲーム』を観に行く危機によって貧困化し失業した不安定な若者たちは、この映画から、われわれが反乱を起こし映画が想像させる野蛮な未来変化を止めなくてはならないという結論を導き出すことはない。映画では、最終的に反乱は起きるが、それはどこか悲しく希望のないもので、結果として生じた事態は抑圧された者の連帯の可能性を想起させるようなものではない。

若い観客は現状に対して反乱を起こさねばならないという結論を導き出すのではなく、むしろ『ハンガー・ゲーム』は自分が将来住むことになる——誰もが近い将来住まざるをえなくなる——世界を描いているという確信を持たせるのである。この新しい世界では、勝者だけが生き延び、もし勝者になりたいと思うなら、友人や敵などすべての他者を除去しなくてはならない。

『ハンガー・ゲーム』のなかでも、連帯行動は起きるには起きる。たとえば主人公のカットニス・エヴァディーンは、自分の妹を確実に近づいている死から救うために暴力ゲームに参加する。しかしこれは絶望による連帯であり、わずかの平穏が残されていることすら想像することができない人間の連帯である。

ビデオゲームの多くもこの映画と同じである。感覚的刺激が、物語の中身を超えて、若者を競争させ、戦い、勝利するか消滅するか、という方向に向かって訓練する。これらのビデオゲームが依拠しているモラルは、機械はつねに勝利する、そして機械のリズムを邪魔する者は競争に負ける、という考えである。

実生活においては誰もが互いに競争相手である。日曜日に愛人同士であったものが月曜日の朝には競争相手になることもある。

『ハンガー・ゲーム』はネット世代の遊戯的注意力を動員するのだが、それは説得やイデオロギーを注入するといった機能を果たさせるためではない。そうではなくて、精神＝認識的造型、つまり精神的・認識的に鋳型にはめるという機能を果たさせるためである。遊戯的注意力は、道徳的中身ではなく神経的刺激を通して、造型的効果として機能するのである。

不安定世代の心理と認識的反応は、社会生活を戦争として知覚することを内面化する方向に導かれる。それは誰もが勝者か敗者、排除する者か排除される者になる空間であり、連帯や共感は戦士性を弱める危険な邪魔ものにしかならない空間である。

二十世紀の後半、不安定な状態に対する危機的反応が、とくに芸術や映画の世界で台頭してきた。しかし不安定性を批判的に問題視する芸術は観客にそれほどの影響をもたらさず、大衆心理という観点からすればたいした重要性を持たなかった。私はたとえば、中国の労働者と失業者の不安的な状況を描いたジャ・ジャンクーの映画を思い浮かべる。『罪の手ざわり』のなかで、ジャ・ジャンクーは社会的腐敗、孤立、絶望といったものの物語を活写している。そこでは日々の生活が孤独と心理的激情の悪夢として描かれる。この種の映画は大衆的観客に届かない。それはエンターテインメント市場において周縁《マージナル》化されているというもっともな理由からだけではなく、主に美学的理由からでもある。つまり批判的意識のリズムは、ビデオゲームで育った若者世代の観客の神経的反応にとっては遅すぎるのである。彼らは刺激速度が絶えずいや増していくことを必要とするのである。思考は自滅的行為である。なぜなら考えるということはリアクションを遅くするからだ。遅いということは、あなたと同様あなたを排除しようとしている多くの他のプレイヤーがいるゲームのなかで、えじきになることだからである。

人間文明の悲劇

イタリア・オペライズモ（労働者主義）のもっとも重要な思想家のひとりマリオ・トロンティによると、〝労働者〟の敗北は人間文明にとっての悲劇であった。(4)

共産主義の失墜は短期的に見ると後期近代の福祉のグローバルな崩壊を引き起こしたが、長期的変化の観点から見ると、それは近代ヒューマニズムを危機に陥れるバーバリズムの波に門を開いた。

短期的結果は容易に確認することができる。すなわち以下のようなことである。労働者階級は敗北のあと姿を消したわけではない。それどころか、工業軍隊は世界規模で広がり、工業生産の大集中地帯は新興工業諸国にも出現した。しかし労働者階級はいかなる政治的力も持つことはなく、自己防衛のためのいかなる道具も奪われた。そして現在、労働者階級は不安定労働者のはかない集合体として構成されている。彼らは持続的な脱領土化の過程の内部に置かれて、連帯のコミュニティーをつくることを許されていない状況である。工業の集中地帯は短時間に世界のある地域から別の地域に移すことができ、いかなる労働組合も政治的組織もこうした侵略的な移動行為に事実上反対することができない。コミュニティーや領土や労働者の法的保護を解体した規制撤廃のために、長期持続的な連帯構造は瞬く間に解体の憂き目を見る。

賃金条件は資本家によって一方的に決定される。その結果、賃金はこの十年で二分の一になり、産業システムは初期産業時代の条件に退行しつつある。より一般的に言うなら、社会的生活条件は急速に劣化している。教育へのアクセス、健康維持、余暇時間といったものは労働組合が闘争によって勝ち取った社会的権利であった。しかし労働組合の政治的敗北の結果、社会は人々の悲惨と従属という状態に逆戻りして、大衆的無知が再び姿を現わしつつある。

この退行に目をつぶることはむずかしい。しかし、新自由主義の賛美者たちは、私のように西洋の落ち込みを嘆く人間に対して、次のように安易な返答をする。すなわち、中国、インドネシア、アフリカなどの労働者が、いまや車や携帯電話を買うことができるのだ、と彼らは言うのだ。これはたしかに本当のことではある。

彼らは工場へ行くのに車を使う。彼らは仕事を求めて移住せざるをえないときに家族に電話するために携帯電話を使う。工場で搾取される機会を得た人々は消費空間にアクセスする。しかしながら、新たなプロレタリアの社会的変化を子細に観察してみると、彼らがかつて貧困だったときも現在ほど悲惨ではなかったことが容易に理解できる。彼らはコミュニティーを奪われ、連帯を奪われ、余暇時間を奪われ、疲労とストレスと競争に耐え続けることを強いられているのだから。

巨視的に見ると、社会主義的希望が消えてから社会的条件は非常に悪化した。しかし搾取の増大と存在的悲惨だけが労働運動の敗北の結果ではない。もうひとつ戦争という結果がある。戦争は人々の命を犠牲にして拡大する。貧者に対する貧者の戦争がますます増加し、絶望のもたらす宗教的・民族的戦争も増えている。ナショナリズムという疫病が回帰し、人々の生活を支配しつつあるが、それは労働者の敗北と国際主義の消滅の結果である。

今世紀の初頭、平和運動が世界規模で広がった。二〇〇三年二月十五日、多くの人々がアメリカによるイラク侵略に反対して行進した。この歴史的に世界最大規模のデモの翌日、ブッシュ大統領は次のように皮肉った。「私は注目を集めた集団に依拠して政策を決定するのではない。リーダーの役割は、この場合、人々の安全に依拠して政策を決定することである」。

そして次に何が起きたかはよく知られたところである。ブッシュは戦争を開始し、これは終わりなき戦争であると宣言した。そしてそれから十年以上経った今、実際まだ終わりは見えない。この日は平和運動の根本的弱さを露呈した日と言わねばならない。

二〇〇三年二月十五日、私は平和運動と行動を共にしたが、今後も呼びかけがあればいつでも平和運動家とともにデモ行進をするだろう。しかし同時に私は行進が無駄であることを知っている。平和運動はわれわれの不能《インポテンツ》の徴候であり尺度である。実のところ、ひとえに国際主義《インタナショナリズム》だけが平和を有効的に追求する条件である。しかし国際主義は心の持ちかたでもなければ、平和への意志でも戦争の拒否でもない。国際主義はなにかもっと深くて、もっと具体的なものである。それは世界的規模で人々が同じ関心と同じ動機を持つという意識の問題である。国際主義とは、労働者が自らの国家や人種や宗教を気にかけずに連帯することである。

しかし国際主義的意識の時代は終わった。ドイツの労働者はギリシャの労働者と対立し、トルコの労働者はクルドの労働者と対立し、スンニ派の労働者はシーア派の労働者と対立している。彼らは労働者としての現実を共有することを忘れさせられているのだ。

労働者の敗北はとてつもない歴史的悲劇である、とトロンティは書いている。トロンティによると、彼らは〝国家になることができなかったので負けた〟ということだ。

しかし私にはその反対だと思われる。

共産主義は全体主義的悪夢に転じたが、それはレーニン主義が労働者に働きかけ、国家を掌握し、社会主義国家と一体化するように労働者を押し動かしたからである。つまり労働者階級の国家化が社会的ダイナミズムを麻痺させ、社会的解放の自立的プロセスを固定化された政治的構造のなかに押し込めたのである。

ソ連帝国において、その結果は悲惨な社会と権威主義的国家の到来であった。現実の共産主義が、労働の社会的構成や一般知性の自立性のなかに書き込まれている共産主義の可能性を消し去ってしまったのだ。

不感症ゲーム

電子的接続装置が一般知性のなかに埋め込まれてしまったために、社会的身体は脳から分離されることになった。

認識的活動は、不安定でばらばらになった労働の規則に従属することになり、脱領土化され見えにくくなった協同過程の一部分にすぎなくなる。

これが社会的身体が脳とのコンタクトを失った理由である。知識やテクノロジーの生産は、社会のニーズから分離して利潤の最大化という経済的要請にのみ対応する私的な企業空間において展開されることになる。

社会的脳は身体から分離して、自立能力を失う。

社会的身体は脳から分離して、戦略や共感の能力を失う。

個人的身体は、ネットワーク化された生産の新たな次元で、神経刺激の絶えざる強化にさらされるとともに、他者の身体的存在から遠ざけられる。そして誰もが同じような神経への電子的刺激のなかで生きることになる。過剰に刺激された身体は孤立化するとともに過剰に接続することになる。接続すればするほど孤立化するということだ。

しかしながら社会的身体の現実は溶解しえない。それは脳を奪われて知的協同から分離された状態、共通の戦略を追求することができない状態で、再浮上することになる。

認識的活動の技術的包摂は注意力を捕獲する能力に基づいている。

一九七〇年代の終わりに、最初のビデオゲームが市場に登場した。

イタリアの諸都市のカフェバーでは、電子ビデオゲームが昔からのピンボール機械に取って代わった。ビデオゲームはカラースクリーンのある大きな金属箱とともにやってきた。そのなかでは、小さな緑色のエイリアンが地球を侵略し、黒色の戦士たちが閃光を発する武器で応戦していた。やがてゲームは終わり、スクリーンに二つの決定的言葉が現れる——「ゲーム・オーバー」。

この種の原初的なビデオゲームでは、プレイヤーの技量や速度とは関係なしに、最終的に機械がつねに勝利する。

機械がそれを作り出した人間に対抗してプレイし勝利する。機械が負けないやり方で人間がゲームを作ったということだ。いまやわれわれはゲーム・オーバーが埋め込まれた世界、言い換えれば自動装置《オートマトン》が勝つように設計された世界のなかで生きているのだ。

しかし誰が設計したのだろうか?

設計者は、ゲームの中で協同しながらもゲームの外に居続けて再結合の力を発揮する多くの認知労働者《コグニタリアート》である。

彼らは知識のイノベーション、発明、実行といったプロセスを協同的に行なうのだが、お互いにお互いを知らない。協同的脳は集合的身体を持っていず、私的身体は集合的脳を持っていない、ということだ。

その頃私は、ナポリのカフェバーで"Last Safety for Alpha"というゲームをプレイしていたことを覚えている。ビデオゲームの第一世代による未来予告は魅惑的かつ驚くべきものであった。そして不能《インポテンツ》の時代が到来した。今日、周囲を循環する情報の流れの全体的リズムは速度を早めている。この流れは意識を持った有機体によって神経的刺激として受けとめられ、感覚的有機体は恒常的な電子的神経刺激と身体的緊張状態のなかで生きることになる。

意識と感情は個人の営みにとって時間を要するものなので、この時間が短いと、注意力は意識と感情から分離されることになる。現代の感情的苦痛はここに根差している。

慢性的時間病、時間に耐えられない病、〝生きられる時間〟(5)にかかわる病理である。

注意力欠如による障害の流行はこの時間病の徴候である。情報過多の空間で育った子どもは過剰な神経的多動の徴候を示す。彼らは注意を向ける対象にほんの短い時間しか焦点をあてることができない。焦点があまりにも早く変化するので、学んだり表現したり注意を持続したりできない。

過剰刺激の状態においては、認識的有機体は刺激の感情的中身を処理することができない。

性的不能も同じ因果関係である。

刺激の頻度と拡散、性的刺激に身をさらす速度といったものが、ある点まで高まると、感情的メッセージを意識的に解読し、必要な優しさをもってそのメッセージを処理することはむずかしくなる。われわれの時間は、短く、狭く、収縮している。ゆえに刺激は欲望に転化しにくく、欲望は意識的接触に転化しにくく、接触は喜びに転化しにくいのである。

エレクトロニクスが身体のなかに挿入した非有機的物質のセックス・アピールは、一種の広範囲にわたる性的環境化と身体の物理的孤立化を招いた。

身体のなかへのコミュニケーションにかかわる電子的非有機体の挿入は攪乱を引き起こす。これが喜びがアドレナリンの放出に取って代わられる理由のように思われる。欲望不在の状態で男の勃起を持続させる薬理学的製品の大量消費は、高齢者のあいだでだけ起きているのではない。勃起機能障害用の丸薬を摂取する人は、単に物理的問題からというよりも、時間不足や感情的苦悩といった心理的問題から、そうするのだ考えることができる。性的不適応は、われわれの注意力の及ぶ範囲が技術に従属していく広大なプロセスの副産物である。ポルノ映画の爆発的増加、ポルノイメージの大量消費といったものも、こうしたサイクルの一部分である。

われわれは広告やエンタテイメントの流れに紛れ込んだエロチックなイメージの流れにさらされている。こうした流れはわれわれのエロティックな情緒的反応を絶え間なく動員する。われわれの注意力は恒常的な発動を要請されるが、ある特定の対象に焦点を合わせることはできない。

同時に、有機体の恒常的な電子的刺激と、身体空間の連続体への電子的装置の挿入によって、一種の不感症が感覚空間のなかに誘引される。不感症という言葉で、私はオルガスムを感じないとか、その種の性的喜びの機能不全を指しているのではない。私が指しているのは、絶えざる緊張と落ち込みへの傾きにともなう麻痺状態の蔓延のことである。

イヴ・シットンは『無力』という本のなかで、性的不能を扱ったフランス文学の作品を広く渉猟している。「大失敗」という章のなかで、シットンは、〝不能〟の原因を男がコントロールすることができない過剰な刺激に帰している。彼はこう述べている。「女性が近寄りがたいと見なされるのは、魅力の欠如によるのではなく、過剰な美しさによるのである(6)」。

リズムの加速化、刺激の強化、神経システムの過剰な刺激、こういたものが性的失敗への通路のように思われる。そして、西洋文明の深い背景をなす家父長的文化のなかでは、性と社会権力は分かちがたく結びついている。シットンは次のように書いている。

男は、おのれのアイデンティティーを存在証明としての勃起に置くことによって、自分自身を何かほとんどたわいのないことに還元せざるをえない……アイデンティティーの基盤を男らしさに置く人の自己評価は、全能性のポーズをとらざるをえないのである。(7)

不能は多くの点から見てリズムの問題と見なすことができる。体に組み込まれた時間とオートメーション化され強化された時間との関係である。欲望への備給（心的エネルギーの投入）は過剰刺激によって増大し続けるが、しまいには枯渇してしまう。すると感覚的有機体（感覚器官）は欲望への備給を止め、凍てついた湖の氷の波の上をサーフィンする。

現代文化の審美主義は不感症の徴候やメタファーとして読解することができるだろう。ひとつの欲望対象から別の欲望対象への際限なき移動、美的刺激の過剰負荷、性欲を刺激する美的広告の公共空間への侵入、ヴァーチャル・セックスの機会の増大、等々。

ロマン・ポランスキーの息が詰まるような映画『おとなのけんか』〔リベラル知識層の大人たちが子供どうしの喧嘩を仲裁するうちに激しい論争を始めるストーリー〕のなかで、ケイト・ウィンスレットの演じるナンシー・カウワンが、次のように言うシーンがある。スマートフォンにかかってくる電話にひっきりなしに返事をしている彼女の夫の弁護士は、遠くにいる人間からかかってくる電話の刺激の方が、近所に住む生きた人間からのいかなる刺激よりも刺激的で重要であると考えている。

神経刺激の流れは決して到来しない未来に向かって前方に進んでいくので、現在という時間は触れたり嗅いだりできなくなり、どこかへ消えてしまう。近くの身体からくる感情は、われわれの注意を持続的に引きつける遠くからくる強烈な刺激によって薄められてしまうのだ。

倫理、接続、個体化

世界に愛がないのなら、新しい世界をつくろう。それに壁を与えよう。その壁を中から外まで柔らかい赤いインテリアで満たそう。そして壁に、一度も聞いたことがないようなダイヤモンドが宝石屋のフェルトに落ちる音と共鳴するドアノッカーをつけよう。愛は存在しないのだら、ぼくを愛して。ぼくは愛が存在するためにあらゆることをやってきたのだから。

ジョナサン・サフラン・フォア『エヴリシング・イズ・イルミナイティッド』

ディオニソスが愛を歴史的ロゴスから分離・対置して以来、歴史の領域は自己愛から引き離され、愛は〝愛以外のなにものでもなくなった〟。そして〝エロス〟と〝アガペ〟とのあいだ、倫理的愛とエロス的愛とのあいだの区別は、歴史上愛の不可能性の起源になった。愛はユートピアの領域に追いやられ、愛の倫理的次元は力を失い、義務と法と抽象的規則の領域に還元されることになった。

フェルナンド・サヴァテール〔スペインの哲学者・倫理学者（一九四七〜）〕は唯物論的倫理の基礎を彼が〝amor proprio〟と呼ぶものと同一視している。これは英語では〝自尊心〟（pride）に相当するものであろうが、私としては自己愛（self-love）という言い方を好む。自己愛はエゴイズムを意味するのではない。エゴイストは愛情を他の誰よりも自分自身に向ける。つまりエゴイズムは他者への愛を排除する。それに対して自己愛は、他者は自己の生きた延長であり、ゆえに他者の喜びなしには自己の喜びはない、という理解に基づいているのである。

この喜びの近接性、一貫性、全体性のなかにこそ、唯物論的な倫理の基礎が置かれているのである。

ヒューマニズムの枯渇とともに近代が終焉したあと、倫理の基礎とは何かという問題が答えのない問いとしてわれわれのもとに戻ってきた。

カント的な〝エロス〟と〝エートス〟の分離、エロティシズムに対する暗黙の罪悪感が、一神教《モノティスム》の遺産を持続させ、それが社会的接続を貸借関係に変形し、倫理を命令と義務に切り縮めているのだ。

この倫理とエロス的意志の分離は、最終的に経済の実質的・認識的な支配に帰結する。

近代は人類の生きた身体に傷を負わせた。そして、この傷ははたして治るものかどうか疑わしい。倫理的行動のエロス的知覚からの分離は感情発生の奥深い核にまで達し、意識的有機体の精神的‐身体的構成を変化させた。エロティシズムと罪悪感の強固な同一化は、他者との関係を貸借関係に変えた。これが自己愛と他者への愛が永久に相容れない状態をつくりだした。

接続の領域から連結の領域へという現在起きている移行は、エロスのエートスからの分離を完全に遂行し、同時に感受性を持った意識を技術的にフォーマット化し直す道を準備する。その結果、脱共感化が起き、多様な意識的有機体のあいだの生きた持続的関係を認知する能力が奪われる。

現代の脱エロス化や脱共感化は、首都空間における無味乾燥な会議や経済的暴力の増大といった日常生活を舞台とした恒常的で拡散的な低強度戦争の結果である。他者の身体が自分の身体の感覚的延長として認識できなくなると、倫理的思考や倫理的行動のための土壌は実用的理性の法に降伏することになる。これらの法が明らかに見える場所は銀行であり、資本主義の核にある存在論的暴力を規範化する場所である。

連結的変形――意味作用の作動主体を統語論的に公式化された切片に変える言語的変形――は、いかなる倫理的関係の可能性をも否定し、倫理的行動の領域を暴力の支配に委ねる。しかし社会的結合は連結的変形の結果として消えるわけではない。それは逆に改めて強化される。ただしそれは、意味論的解釈の場を離れ、無垢のエロス的試みの記憶を失って、統語論的関係形態をとることになる。

エロス的特異性は、微笑み、暗示、囁きなどといったシグナルの不安定な解釈をめぐって生じる。連結の作動主体は統語論的関係の表面的効果である。そこにあるのは、意味の可能性への震動的アプローチではなく、因果関係があますところなく完全に重なりあう操作手法である。感性は硬直し、共感は低下し、刺激スピードが意識を自動化に移行させる。倫理の唯物論的基盤は、他者の身体を自らの身体の感覚的延長を見なすことに基づいている。この倫理の唯物論的基盤の可能性は、共感的解釈が自動的な統語論的パターン認識によって置き換えられると、消えてなくなる。社会的関係のなかに共感が流れているときは、他者への尊敬は倫理的義務ではなく、自動的喜びである。こういう条件の下で、はじめて他者の喜びが自らの喜びを可能にする。

倫理は平等な権利とか平等な機会を認めることではない。こうした倫理の法的縮約は、汚職、偽善、いかさま行為の前提となる。他者との関係が法や暴力によって左右されることになると、〝合法〟と〝非合法〟の概念が社会生活の唯一の尺度となる。

他者は対等でもなければ類似してもいない。他者は予測不可能であり、彼／彼女を完全に理解することは不可能である。言表行為の連接的作動主体は無尽蔵である。他者の意味は法の慣習や経済的価値の慣習に縮約することはできない。連接の領域においては、他者はわれわれ自身の呼吸、われわれ自身の触感や嗅覚、あるいはわれわれ自身の性的・感覚的理解の延長である。他者はわれわれが生成変化しつつあるものであり、誰もが他者になりつつあるのだ。

連結的変形は意味の脱特異化と意味の帰属の自動化に基づいている。そこでは倫理的選択は自動化によって置き換えられる。

この連結的変形は経済的原理の言語への完全な翻訳である。そしてそれは他者の身体性を感受性の病的状態へと歪曲することである。

われわれが連結的変形の次元に移行すればするほど、われわれは倫理的選択に入り込めなくなる。そしてこうしたコミュニケーションと行動の自動化は、最後には脱特異化し、硬直したコミュニケーションという自閉症的状態もたらす。

自閉症は言葉によらないコミュニケーションを理解する能力の低下がもたらす心理的状態である。自閉症的不調に見舞われた人は社交的にぎこちなく、ときには攻撃的になったり、誰とも同調しなくなる。情報刺激に満たされた環境で育った第一世代は、大なり小なり自閉症的行動形態をとる。彼らの精神は情報刺激の濃密な流れに占領され、したがって心の作用は圧縮される。

連結的理解のなかで起きる認識と言葉によらない合図の震動解釈のなかで起きる認識とのハーモニーは統語論的なパターン認識に置き換えられ、理解のプロセスは操作的（経済的）作動指標に沿って進むことになる。

情報領域の加速化、知識の身体的経験からの分離、労働リズムの強化といった流れが、公共空間の脱エロス化や倫理的共感の不活性化につながる。

われわれは倫理的価値の優越性とか倫理による連帯とか倫理による市民的規範の共有といっ

たような観点から考えてはならない。倫理的行動は価値に影響されるものではない。そうではなくて、それは喜びや苦しみ、孤独や欲望に影響されるものであり、倫理的麻痺は他者の喜びや他者の苦しみを感じ取ることができない無能状態をもたらす。

麻痺は感覚的飽和状態のもたらすものであり、非共感状態につながるものである。われわれの時代の倫理的破局は、他者を自分自身の感受性の感覚的延長として認識することができないという無能力に基づいている。

われわれが感受性と呼ぶ認識能力は、言葉の領域に属していない合図を判読する能力を発展させた。この能力がいま、デジタル的交換のなかに（そして経済的コードによって強化されたかたちで）書き込まれた認識的自動化が意識的所産を二元論的選択の連続に切り縮めているために、危機に瀕しているのである。

精神病理学的語法では、自閉症的な人は〝他者の精神の理論〟を有していない[8]。自動的交換のネットワークのなかで行動するとき、人は他者の精神の存在を引き受けたり、さまざまな合図を他者の意識や感覚器官に由来するものとして解釈する必要はない。こうしたコンテクストの内部においては、合図はばらばらの情報を限定的にコンピューター化したものに従って解釈しさえすればよい。そこでは他者はわれわれの精神と機械との相互作用の模擬的構築の産物でしかない。

連結的生命領域は平滑空間であり、そこでは情報や価値化の新たな普遍的実体といったものが、滑らかに流れる。しかし障害物なしに流れるためには、スピードを落とすような不純物や溝、すなわち感受性を取り除く必要がある。

連結的パラダイム（と連結様式）は人間的生命空間の奥深い構造に影響を与え、有機体の障壁を通り抜ける。そして個人化が行なわれる過程において何かが起きる。この変化は個人の自己認識に侵入し、それを社会技術的なネットワークの連続体の接続的構造のなかに統合する。かくして個人的有機体はいかなる特異性のしるしも一掃され、でこぼこも不揃いもない、したがって機械や技術言語的自動化の鋳型に従順な、滑かな表面に変形される。

連結的個人化はモジュール式再結合の過程を破断する。生命情報的超有機体は言葉を妨害物として読み取り、雑音として捨て去る。

第二章　ヒューマニズム、女性蔑視、後期近代思想

潜在力と自由としてのヒューマニズム

ヒューマニズムの完全な定義は、ここでの私の意図を超えている。それはそれとして、われわれが一般に〝ヒューマニズム〟という言葉で指す哲学的・芸術的運動は、最初十五世紀のイタリアに現れ、その後ヨーロッパ全域に広がったものである。しかしながら、本書では、私はこの言葉を近代におけるヨーロッパ文化のアイデンティティを定義する概念を指すものとする。さらに私は、この本でヒューマニズムを人間の自由と潜在力の肯定を主張するものとしてあつかいたい。

レオン・バッティスタ・アルベルティ〔ルネサンス初期のヒューマニスト〕によると、人間は労働のためにつくられたのであり、有用性がヒューマニティーの定義である、という。ヒューマ

ニズムの観点から人間の活動や企てを重視することは、二つの概念領域を引き込む。すなわち行動の自由と潜在力である。

ここでは自由の概念を法的意味としてあつかわない。ここで言う自由は、法や政治的締め付けからの自由という意味合いではない。ここでいう自由は存在論的な自由であり、あらかじめ決められた形からの独立である。すなわち、神の心のなかにあらかじめ存在していない形をつくりだす可能性のことである。

ヒューマニズムは人間の歴史を神の存在から解放するものであり、人間の行為を説明するために神を引き合いに出す必要はもはやないということである。物の形は神の意志に依存するものではなく、人間の行為に依存するものなのだ。エルンスト・ブロッホは、ルネサンスの哲学についての著書のなかで、〝技術的ユートピア〟の誕生について語っている。

ヒューマニズム哲学者のフランシス・ベーコンはプロメテウスの神話を復活させ、人間に際限なき潜在力と未来について考える能力を与える神話的タイタン（ティーターン）を持ち出す。知識の応用としてのテクノロジーは、神が退場したときはじめてその力を発揮することができる。近代文明の歴史においては、テクノロジーが神に取って代わり、一種の技術的神権政治を確立することになる。

ヒューマニズムは人間行為の存在論的自立の肯定とともに始まったが、テクノロジーが全能的潜在力を手に入れ、それを作り出した人間から自立する能力まで獲得して、さらにそれ自体が自動化のシステムとして展開するほどまでになった。

ブロッホによると、ルネサンスの世界は、立っている人としての人間に対するギリシャ的崇拝を再確認し、過去の神権政治におけるひざまづいたゴチック様式を忘却した。しかし近代の末になって、ゴチック的スタイルが復活し、さらに時代が進んで、人間は再び首都の超ゴチック建造物にひざまづくことを余儀なくされているのだ。

ルネサンスのパースペクティブは人間的秩序を世界に投影し、次にバロックが視点とパースペクティブを多様化し、その結果生じた世界の複雑性が周囲の世界に対する人間精神による合理的統治の能力を超えるまでになった。ルネサンスは、単線的な人間中心的パースペクティブに従ってわれわれを取り巻く世界に秩序を与えるという人間王国の理念をつくりだした。しかしその後、突然知識の増大、視点やパースペクティブの増殖が起き、バロック的感性に道を開くことになった。この感性はライプニッツの世界の襞としての幻影的展開という思想によく示されている。

バロック精神には技術の浸透的力がつきまとい、技術が自由の全空間を占拠して、ヒューマニズムはその土壌を失う。ロマン主義時代以降になると、正統性へのノスタルジーが哲学的感性のなかで中心的位置を占めるようになる。そして正統性は技術以前の世界の特徴と同一視される。近代は政治的自由の領域を拡張して、過去の想像的正統性の存在論的自由の価値を減じる。こうしたダイナミックな変化のなかに、私はショーペンハウアーからニーチェを経由してハイデガーに至ってまったき姿を現わす反動的な超ヒューマニズムの系譜の核心を見いだす。

ハイデガーの曖昧な遺産はわれわれの時代の哲学的基礎構造のなかに深く書き込まれている。近代化を世界の技術的生成と見なして、いわば反動的に拒絶することが、欝の系譜として前世紀を一貫して流れている。

ハイデガーは技術と言葉の関係を悪影響を及ぼすものとして描き出した。彼の教えでは、ノスタルジー的なヒューマニズムの形が哲学的風景の前景を占める。

ハイデガーは後期近代の哲学劇場のなかで黒い魔術師として屹立する。彼は毒を含んだ概念的物質を分泌し、それを文化的認識のなかに投入する邪悪な錬金術師である。ハイデガーは限られた地平しか持たない小さな人間であり、恐怖心を概念的世界の支柱に変容させた感性の乏しい臆病者である。技術への恐怖心がこの男を後期近代の状態（世界像の時代）を沈鬱な状態と考える方向に導いた。

彼の視野においてはヒューマニティーは正統性に縮約され、彼が見ることができるものは正統性の黄昏、小世界の崩壊でしかなく、そのなかで彼は自らの世界経験を展開するのである。

ハイデガーの世界ヴィジョンは沈鬱なものだが、それは彼の魂が沈鬱だからにほかならない。ハイデガーの業績は二十世紀後半の批判的思想のなかで大きな関心を集めた。それは彼がヒューマニズム世界の衰微によって引き起こされた不安を概念化したからである。しかし批判的思考は、われわれがこの時代の主要な難問に立ち向かおうとするなら、おのれの技術恐怖症的呪縛から自らを解き放たねばならない。われわれはテクノロジーの曖昧な遺産を拒否するのではなくて、労働の領域――すなわち認知労働者《コグニタリアート》の主体性、彼らの反乱、彼らの自立、彼らの連帯といったもの――を手始めに、テクノロジーと生活との関係を改めてプログラム化しなくてはならない。〝正統性〟という言葉は何も意味しない。正統性はたかだかひとつの世代の限定された記憶や狭隘な領土認識にのみ基づいたものである。

われわれはまた人間《ヒューマン》とヒューマニズムを区別しなくてはならない。ヒューマニズムは人間についてのヴィジョンであるが、人間はそのヴィジョンと同一でもなければ、ヒューマニズムの定義に限定された存在でもない。

言葉は技術的自動化や生物学によって言葉のなかに書き込まれた規則以上に広大なものである。

運動

不能《インポテンツ》についてのこの本のなかで、私は私自身について、私の絶望について、あるいはむしろ私の希望なきヴィジョンについて語ろうと思う。最近、私は未来の終焉についての本と、インターネットによる連結世代の自殺についての本を出版した。そして今、不能についての本を書いている。友人たちのなかには、私のことを心配し、私が鬱状態にあると考えて、休暇を取るように勧める者がいる。

本当は違うのだ。私の絶望は、私を形成した近代の約束の挫折に対する知的理解に基づいている。しかし私はまた、私の人生を動機づけた知的企ての挫折を告げることが私を幸福にするわけではないことも知っている。

私は若いときから社会運動に参加し、社会的反乱のたくさんのうねりに加わった。なぜなら、敗北し絶望しながらも、運動はまだ完全に消えてはいない可能性の運搬装置だと考えたからである。

この可能性は〝最終形態《ゲシュタルト》〟としての資本から知識とテクノロジーを解放するという可能性である。この可能性の主体は連帯のなかに改めて具象化された集合的知性である。

同時に私は、いまや連帯の条件が存在しないことに気がついた。連結的知性は集合的知性として作用するのに適さない。それは連帯を活性化するのに適さない。コミュニケーションの身体的領域を共有するのに適さない。したがって社会的主体の条件は、まだ可能性の現実化のために必要とされる潜在力に明確な形を与えていない。しかし可能性は、現在は企業利益の増大のために協力することを余儀なくされているが、潜在的には社会的連携装置の異なったパラダイムの形成に適している無数の脳の接続のなかに隠されている。

価値の偽造ではなく本当の有用性に基づいた別のモデルを発明すること、一般知性の自立を目指した社会的・テクノロジー的計画を打ち立てること。これが有用な結果を生み出すことができる長期的指針である。

〝運動〟という言葉は何を意味するのだろうか？　この五十年私はこの言葉を幾度となく使ってきたのだから、この問いに答えなくてはならない。

通常われわれは〝運動〟という言葉で、ひとつの点から別の点に移動することを意味する。この移動の結果として、見る者はそれ以前には見えていなかったものを見ることができるようになる。したがってわれわれは、すべての運動が知識効果を生み出すこと、そうでなければそれは偽りの〝運動〟であることを知ることができる。〝運動〟という言葉は、ランダムに発砲する部隊の定理を思い起こさせる。あらゆる方向に向かってランダムに発砲するX人のガンマンのグループが時間無制限に同じターゲットをヒットする、というイメージである。運動とは、社会的集合体を構成する多くの意志がランダムに一致する時間が長く続くという状態である。この拡張はあっという間に終わることもあれば、十年も続くこともある。実際、そのような持続状態は一九六八年から一九七七年にかけて世界のあちらこちらで起きた。

サルトルは〝融合集団〟という表現を用い、ガタリは〝言表行為の集合的主体〟という言い方をしている。〝運動〟は多くの人々がいかなる楽譜もなしに同じ歌を歌い始めるときに起きる。

しかし私にとって〝運動〟という言葉は何かもっと多くのことを意味する。たとえば以下のような。集合的身体のなかに含まれている潜在的可能性の全面展開、集合的身体の技術的・生産的潜在力の作動――これは集合的身体がひとつの運動になったときにのみ始まる（偶然的にしかハーモニーにならないランダムな発砲集団とは異なる）。

反動的思想の哲学的起源

われわれは近代思想を通じて反歌のように流れている反動的精神を破壊しなくてはならない。ハイデガーはこの精神を統轄する神的存在である。

私はこの主題を複雑な哲学的諸関連のなかで展開するつもりはない。哲学的思想の限界を超えて広がるある感情の形成について一言述べたいと思うだけである。私がここで感情と呼ぶのは、誤って人間と同一視される正統性へのノスタルジーのことである。この感情は、残念なことに、人間の自由や人間の本質といったような仮定を危険にさらすように見えるテクノロジーやライフスタイルの広がりと共存することができる。しかし人間存在の本質なるものは、われわれが現在、歴史的・技術的存在としての〝人〟として置かれている特殊な状況のなかで捏造している欺瞞である。したがって、正統性へのノスタルジーは回顧的幻想である。それは存在しもしない原生的な人間本性を前提としているのだ。

私はこの主題のなかに深く入り込みたい。なぜなら私は私自身について、そしてしばしば私を自分との折り合いがつかなくさせる未来に対する不安や悲観的なヴィジョンについて理解をすることが必要だからである。

私は二〇一一年を感情的・政治的・理論的幸福感のなかで過ごした。オキュパイ運動が拡大し、金融的抽象化の檻を破るかに見えたからである。しかし私はやがてその敗北を目撃した。この敗北は要するに社会的不能《インポテンツ》の結果であった。社会福祉の解体に対抗する試みは敗北を余儀なくされた。なぜなら金融の力は、すでに日常生活の社会的・心理的・言語的構造のなかに強固に組み込まれていたからである。

この敗北のあと、私は運動の解体に続く欝状態のもたらすものを研究することに集中した。抽象的支配という状況下で生きる意識、技術的自動化が人々の社会的・文化的生活に対してますます影響を強めているという意識、そうしたことがテクノロジーの潜在力に対する反感や、政治的自由と生活の正統性に対するノスタルジーを抱かせるように私を導いた。しかし私はそうした感情を好まない。私はそうした感情を私の一部として認めたくない。しかしそれは私の精神のある部分を征服した。なぜなら私は自分が不能化することを恐れたからである。しかしこの恐れが不能のしるしなのである。不能を恐れなければ不能にならないのだ。

私の哲学的自己形成、私の政治的経験、そして私の個人的性格といったものが、こうした反動的なノスタルジー感覚やポスト・ヒューマン的展開過程への恐れと齟齬をきたすことになった。

　われわれの時代に広がっている自殺潮流に捧げた本『ヒーローズ』（邦題『大量殺人の〝ダークヒーロー〟』）を私に書かせたこの感情は、労働運動、もっと一般的に言うとヒューマニズム文化がこの三十年間に経験した底知れない政治的敗北と結びついている。しかしこの感情は同時に、私の精神や身体や性的能力《セクシャリティー》の衰弱過程とも結びついている。私はこの個人的条件を普遍的なものとする誤りを犯さないために、差し迫る老化と意識的に折り合いをつけなくてはならない。

　私は自問する。技術に対するヒューマニズムによる批判、そして正統性に対するノスタルジーといったものに由来する反動的哲学に、私はどれほど深く影響を受けたのだろうか？　私がしたいのは、ヒューマニズムの危機の理解の仕方を、この理解の仕方が導く反動的ノスタルジーから切り離すことである。

　われわれは唯物論的視点から二つの傾向を見る。ひとつの傾向は内在的なものである（それはいまのところどう展開されるか想像不可能な可能性として存在する）。それは一般知性の全面展開であり、テクノロジーを資本主義の記号論的コンテクストから解放する可能性であり、賃金労働から時間を解放することであり、共同的生活の再活性化であり、介護や文化教育や研究の拡張つまりポスト労働主義的再生、といったものである。

　もうひとつの傾向は、社会生活の漸進的低下に向かう傾向であり、精神と身体の荒廃、神経エネルギーの過剰な利用の引き起こす心理的伝染病、そして最終的には環境的・軍事的な自殺に向かう傾向である。

現状では、二番目の傾向が優勢的であるという感覚から逃れるのはむずかしい。しかし現在の状況に潜む両面性も逸してはならない。なぜなら、この両面性のなかにこそわれわれの解放に向かう道が隠されているからである。自由思想の任務は自由を可能にすることである。自由とは、書き込まれている可能性を忘れさせ顕在力として流通している形だけしか見ないリアリズムの脅迫からの自立を意味する。

私は、批判をノスタルジーに従属させヒューマニズムのモデルをひとえに人間の表現として絶対化する反動的思想の系譜を跡づけてみたいと思う。

おそらく欝状態になることが生活と歴史の真実を検証する最良の道であろう。しかしながら、哲学の任務はわかりきった真実を保証することではない。

私は哲学がなんらかの任務を持っていると必ずしも確信しているわけではないが、しかし哲学者は沈黙も否定もせずに真実を告げることを要請されていると考えている。したがって哲学者は真実と自由に向き合い、顕在力がひとつに縮約しようとする多数の可能性に自らの心を開かなくてはならない。

〃われ思う《イッヒ・デンケ》〃の身体

ヘーゲルは歴史を〃絶対的精神〃の総合的意匠の展開と考えた。すなわち、近代的個人を自ら歴史をつくる主体的行為者と見なした。それは近代的個人のなかに自らの思想や行為を広げて全体化しようとする緊張感があったからである。ヘーゲルの視点からすると、全体化なくしては歴史はない、ということになる。行為の潜在力は行為者の企図の一貫性と自己充足的な歴史的理性に由来するというのだ。

しかし近代のドラマのなかで中心的な位置を占めた歴史的行為者の意識的行為は、いかなる合理的秩序をも完成させなかった。二十世紀はいかなる合理的企図の完成も目撃することはなかった。そして二十世紀の最後の部分は全体性と秩序の到来《アウフヘーベン》に対するいかなる期待をも危険にさらした。

われわれはここで、ヘーゲルから遠ざかるとともに、マックス・シュティルナーの〃エゴ〃に似通ってはいるが、シュティルナーのヴィジョンのなかにはある唯一性へのパトスのない、同時代のひとりの特異な実存的存在に逆戻りしてみることにする。実存主義的アプローチの系譜、とりわけ実存主義的特異性の概念（*The Last Night* におけるフェデリコ・カンパーニャ〔現代イタリアの哲学者。ベラルディの本を編集したりもしている。（一九八四〜）〕に従うなら実存主義的アナキズム）の系譜を辿ろうとするなら、われわれはアルトゥル・ショーペンハウアーを参照しなくてはならない。

私はショーペンハウアーが非常に嫌いになり、ある時期から彼の本を読まないことを決意をした。一八四八年のベルリン蜂起の最中、この下劣な人物は警察を自分の家に招き入れたが、それは街頭でデモをする労働者を彼の家の居間の窓から狙い撃ちすることが可能だったからだ、ということをどこかで読んでから、私は彼の本を書棚から排除することにした。最近になって私はアーヴィン・D・ヤーロムの *The Schopenhauer Cure* という本を読む機会があった〔ヤーロムはアメリカの医学者・精神科医（一九三一〜）〕。この小説は癌で死ぬ精神分析家の話であるが、同時にショーパンハウアーの伝記でもある。この本（これはほとんどエンタテイメント作品である）を読みながら、私はこの不愉快な男をよりよく理解するためのたくさんのディテールを発見し、彼の思想の起源をよりよく把握することができるようになった。

ショーペンハウアーは精神分析の重要なテーマを先取りしたと言われていて、それは理由のないことではないが、しかし私はヤーロムを読みながら、われわれはこの哲学者の作品の意味を理解しようと思うなら、彼の伝記を精神分析的に研究しなくてはならないということに思い至った。母との関係が彼の哲学的個性と彼の後期近代的感性の鍵を握っている。ヨハンナ・ショーペンハウアーは、平凡で金持ちの商人であったアルトゥルの厳格な父とたいした情熱もなしに結婚した教養のある活発な女性であった。この夫が天国に召されたとき、ようやく彼女は自分がつねに望んできた人生を生きることを許される。旅行し、ものを書き、芸術家や知識人と会う、といった生活である。しかし、無器用で神経質で、デリカシーに欠け、ときには荒々しくもある息子は、彼の母親の喜びや女性としての自由を耐えがたく思っていた。

アルトゥルは二十歳になったとき、ヨハンナから離れなくてはならないと気がつくが、ついに離れられず、その結果嫉妬に取り付かれ男性特有の攻撃を行なう。彼は、ルーベックを去ってフランクフルトに住みゲーテの友人となった母親の後を追うことになる。アルトゥルは彼女が家族の遺産を浪費することを非難するが、最後にヨハンナは彼に手紙を書く。それは、私をひとりにしておくれ、私の前から消えておくれ、という内容だった。そして彼らは二度と会うことはなかった。しかし父親との同一化がこの若い哲学者のなかで一種の人生に対する憎悪となり、とりわけ女性に対する公然たる憎しみとなる。父親の蓄積した富は母親によって浪費され、男の打ち建てた秩序は、自己犠牲と従属を忘れ子どもたちのために維持されるべき資本を浪費する女性の肉体によって解体される、という図式が描かれる。実際には、ヨハンナは何も浪費したわけではない。彼女は才能のある作家であり、家族の財産に手をつけたわけではない。実際には、アルトゥルが気に病んだ母親の浪費はそれほどのものではなかったのである。

このヤーロムの小説を読んだあと、私はショーペンハウアーを再読しようと決意し、現在そうしている最中である。このしみったれた高慢な男は、最終的には読まれるに値する。というのは、彼は誤った観念論図式から成るヘーゲル的建造物を脱構築した最初のドイツの思想家だからである。彼は、硬直した身体、強欲と結びついた身体、自己崩壊への恐れ、女性嫌悪、といったように身体から出発する思想家である。

ショーペンハウアーのヘーゲルに対する嫌悪はよく知られたところである。アルトゥルはヘーゲルをひどく嫌っていたので、ベルリン大学がアルトゥルに教授の椅子を提供したとき、この生意気な新教授は著名なヘーゲル教授と同じ時間に講義をすることを決めた。結果は惨憺たるものだった。彼の講義を聞きに来る者はほとんどいなかったのに対し、ヘーゲルの教室は満杯だったのである。

にもかかわらず、彼のヘーゲルに対する批判的スタンスにはれっきとした根拠があった。彼はヘーゲルの歴史的汎論理主義の核心部を狙っていた。

ショーペンハウアーは、ヘーゲル流の理性の完全な実現に向かう曲がりくねった小道としての歴史のヴィジョンを自己慰撫として拒絶した。こうしたヘーゲル的ヴィジョンを解体するために、彼はカントを引き合いにだし、カント哲学を一種のポスト・ヘーゲル的唯物論に変容させる。ショーペンハウアーは、観念論的循環を回避するために、カントの〝イッヒ・デンケ〟の意味を起源から説き起こす。問題の要点は次のようなことである。すなわち〝イッヒ・デンケ〟の意味するものは現象世界の超越論的構成であり、同時に、現象ならびに経験としての世界の可能性、認識、企画の条件である。

現象の世界は思考の構成的行為よりも前に存在しているのではなく、思考の構成的行為によって確立されるのである。実際には、現象はわれわれの経験の対象であり、われわれはそれをひとえに〝超越論的な認識能力〟に従って把握するのである。カントの用語では〝超越論的〟は経験に先立つこと、したがって経験的中身がないことを意味する。

ショーペンハウアーは『意志と表象としての世界』で〝イッヒ・デンケ〟の二重の相貌について考察している。すなわち、思考行為は経験世界を認識可能なものにするが、思考行為に先立つ経験は存在しない。

ヘーゲルはすでにカント的〝理性〟を主体性のない空っぽの普遍性として批判し、理性を主体の自己肯定の歴史的過程すなわち〝絶対精神〟の媒介者に変容させていた。

ショーペンハウアーはある異なった方向に向かうが、これが私にはさらに興味深いことである。

われわれが知っている世界はひとつの現象であることをカントとともに認めたあと、彼は知識の主体がどこから来るかを理解しようとする。彼はこう書いている。「知識にとって存在するすべてのものは、したがってこの世界の全体は、主体との関係における対象であり、知覚する者の知覚であり、一言で言うなら表象である」(1)。世界は意志の投射としての表象〔代理表現〕である、ということだ。フッサール流に言うなら、世界は変形と表象を同時に行なうある志向性の投射である、ということになるだろう。

しかしショーペンハウアーはカントの教えに固執しない。そして超越論的主体の決定力に欠けているものを問う。〝イッヒ・デンケ〟は身体を欠いている。われわれはカントの思考行為に身体を与えなくてはならない。つまり彼は〝身体なき頭脳、天使のような頭脳〟ではありたくないのだ。

個人の身体は二つの異なったパースペクティブから見ることができる。一方で、それは多くの他の対象と同じひとつの対象であり、ひとつの現象であり、超越論的主体の志向性によって世界に投射された表象である。しかしそれは同時に、知識の活動を養う有機的・繁殖的な生きた歴史的物質性を持ってもいる。

ショーペンハウアーは以下のように述べている。

私の表象の結果として私の前にある世界の意味は、もし観察者が単なる純然たる知識主体であるとしたら、翼だけで身体のない天使的頭脳であるとしたら、決して把握されえないだろう。しかしこの主体が世界のなかに根を持ち、そこに人としているとしたら、どうだろう。表象としての世界の条件である知識はぴんからきりまで身体を通して生じるのであり、身体の作用こそ世界の知的直観の始まりなのである。(2)

われわれがそのなかに存在し、われわれのなかにもあって、理解することができるこの世界は、物質的であると同時にわれわれの考察の限界でもある。(3)

ショーペンハウアーは、知識は知る主体と知られる対象を前提としている、つまり知識の主体と身体はわれわれが知っている対象であると同時に知る過程の主体でもある、と主張する。そうすると〝即自的事物〟としての身体はわれわれの知る能力を超えたかなたにあるということになる。

ショーペンハウアーは、カント的な超越論的主体の限界——身体的基盤の欠如——を告発しながら、唯物論に向けた最初の一歩を踏み出す。彼はカント批判において、ヘーゲルと反対の方向に動き出すのである。

ヘーゲルはカントを超えるために、主体を精神の歴史的生成のなかにおける〝絶対精神〟の勝利に向かう経路のモーメントとして書き込む。ショーペンハウアーは逆に、表象の志向性を基盤としての身体や身体的感情作用のなかに位置づける。ここにスピノザ的な感情作用が思考する主体の脈動的身体として蘇る。

しかしショーペンハウアーは一種のダーク・スピノザのように思われる。スピノザが身体を際限なく開かれた可能性の領域と見ていたのに対して、ショーペンハウアーは身体を不能《インポテンツ》なものとして限定する。彼にとってわれわれの駄目さはわれわれの意志のなかにある。意志は決して充足されない。だからわれわれは意志することを絶対に止めることはできない。そして生きることは不断に苦悩することである。なぜなら生きることは意志の現象であり、意志が客体化されたものにほかならないからである。

ショーペンハウアーは身体は思考行為《イッヒ・デンケ》を生み出す起源であると規定するが、そのあと、彼が言いうる唯一のことは、この身体性は〝死のために〟あるのであって、愛の対象が明らかになるやいなや愛は消滅する（昔ながらの男性偏重主義的偏見）ということである。

あれこれの哲学者をわれわれはいかなる基準によって裁定すべきだろうか？　われわれがある哲学者を認め別の哲学者を認めないということはいかにして起きるのだろうか？　われわれはわれわれの好む哲学者が言っていることが事実として真理であるということを証明することはできない。それは真理の問題ではない。選択は論理的決定ではなく、共感（パトスの共有）に基づいているのだ。

私はショーペンハウアーに嫌悪感を覚える。というのは、私は彼の思想の中身（その偉大さはわからないではない）をその感情的震動と結びつけて考えるからだ。彼の思想は当然にも思考する身体の表現であり、思想の世界に投射された脈動的特異性の叫びである。私の嫌悪感は彼の思想に対してではない。そうではなくて、彼の思想の内部で震動している実存的特異性に対してである。父親との一体化、母親の浪費に対する怨念、彼の経験と彼の世界観の根にある女性蔑視、そして既成秩序を尊重しない民衆の反乱に対する反動的憎悪といったものである。

ショーペンハウアーは、私の見るところ、消滅しつつある男の能力の苦々しくヒステリックな自己主張（あるいは憂愁を帯びたノスタルジー）に根差した一種の〝超人性〟の歴史の出発点に位置している。

ショーペンハウアーは男性支配と白人支配の衰弱を告知し憤慨した。今日、この二重の衰弱は全面的に露出している。人間の営為はこのような男性的力と自己の同一化から自由にならなくてはならない。

男の力が尽き、可能性が姿を隠した。われわれが必要としているのは、意志の肯定ではない。そうではなくて、現在の世界構成のなかに書き込まれた可能性のもつれた糸を解きほぐすことである。

君主、運命、力量

女性蔑視はヒューマニズムの歴史、とくに後期近代におけるヒューマニズムの危機のなかに組み込まれている。もう一度ヒューマニズムとは何かを考えよう。私の答えはニッコロ・マキアヴェッリの『君主論』の二十五章（「運命は人事においてどれほどの力をもつのか、またどのようにしてこれに逆らうべきか」）から出発する。

このなかでこのフィレンツェ人は運命と力量との関係、出来事のカオス的生起と人間の行動を規定する力との関係を定義している。「私は運命を、空っぽの空間に侵入して猛威をふるい、樹木や建物を打ち倒す破壊的な河川になぞらえたい……同様のことが運命にも生じる。つまり運命がその力を発揮するのは、人間の既成の力量がそれに抵抗しえない場所においてなのだ(4)」。

ここで〝力量〟という言葉の意味は、〝運命〟と呼ばれるカオス的出来事を統治し、それを権力の意志に従属させる君主の能力のことである。

君主は運命をおのれの支配に服従させるために、出来事の方向、その力と破壊力を予言し、最大のエネルギーを発揮しなくてはならない。君主は慎重であることやためらうことは許されず、おのれの意志を暴力的に押しつけなくてはならない。

この章の最後で、マキアヴェッリは、私の見るところ、政治権力の近代的概念の持つ奥深い意味を含んだメタファーを披瀝している。


結論を言おう。人間と運命が合致しているときは人間は幸福であるが、合致していないときは不幸である。だから、慎重であるよりも力強くあったほうがいい。実際、運命は女であり、彼女(運命)を従させようとするなら、彼女を叩き傷つけることが求められる。本当のところ、彼女は冷たく扱う人間によって征服されることを好む。運命は女であるため、慎重に振る舞う若者よりも大胆に行動する若者に愛想よく接するのだ(5)。

テクノロジー的秩序の押しつけとしての近代の政治と文明の歴史がここに素描されている。マキアヴェッリによる権力の定義は、女性性(出来事のカオス的で不安定な増殖、自然の深みから現れる潜在的力）と、流れに基づいて秩序を打ち立てるとともに流れを差別の規則に従属させる男性的意志とのあいだの区別に立脚している。

ここで力とは何かと言うと、可能なことを支配しそれを秩序に縮約する意志である。したがってこの力は男性的であり、それに対してマグマ的な可能性の空間は女性的である。これはマキアヴェッリの思想のなかにも、力をめぐる歴史的経験のなかにも、同様に存在する。

君主が習熟しなくてはならない道具は道徳的なものであるが――冷酷さ、無慈悲、暴力、決断、等々――、同時に技術的なものでもある。実際、マキアヴェッリは軍事テクノロジーに関心を持っていた。軍事機構は戦争のみならず、経済や政治的権力のもっとも重要な道具である。しかしながら、後期近代にあっては、テクノロジーは政治的空間を越えて、力を左右する主《ぬし》となって、政治的意志に取って代わり、人間を不能状態《インポテンツ》に変えているのである。

技術、減退する男性的力、反動的ノスタルジー

ここにハイデガーが『ヒューマニズムについて』や『杣径』などの著作で考察しているヒューマニズムの危機の核心がある。ハイデガーは『ヒューマニズムについて』のなかで、ヒューマニズムは人間存在の砂漠のなかで、すなわち人間存在を存在論的に捉えなくなったときに開

かれる空間のなかで立ち上がる、と書いている。それに対してわれわれは、人間存在の営為が言語領域で起きるときに、したがって言語が人間存在の空間かつ限界になるときに、ヒューマニズムについて語るのである。

言語が技術の言語になるとき（技術が言語の主体になるという意味において）、人間は言語を奪われる。そのとき人間に押しつけられるのは一連の技術的関係である。言語がオートメーション化のプロセスに入ると、ヒューマニズム文化は衰退する。

ハイデガーは、技術は一枚岩的な明瞭なシステムではないこと、技術はテクノロジーが戦略や政治的意図や社会的利害との関係を絶えず変えながら具体的形態をとる空間であることを理解することができないように思われる。ここから反動的ノスタルジーが生まれる。その偶像はテクノロジーの変化に先立つ正統性の世界である。正統性へのノスタルジーは西洋の没落という憂鬱な知覚と結びついている。これは近代の歴史哲学と実証哲学の進歩的見通しに対する一種の埋め合わせである。この思想系譜は近代のエネルギーを支えた男性的力の減退の表現として読み取ることができる。

近代化のプロセスは経済競争と軍事侵略に基づいている。たとえばイタリアの近代化プロセスのなかで現れた未来派の文化の役割を見たらいい。未来派（そしてついでに言うならファシズム）は、民族国家の集合的な自己認識を男性化する試みである。経済的・政治的力を結集し、戦争と市場競争に勝つために、国家は女性性を自らの文化の脇に追いやらなくてはならない。

しかし二十世紀初めのナショナリズムと近代化を支えたエネルギーは、いまやもう存在しない。経済成長は後退し、経済発展は地球の物理的限界にぶちあたり、地球人口が全体的に老年化に向かっている。

力は浸透と支配として現れた。しかし後期近代に至って、力は技術的装置のシステムに道を譲らざるを得なくなった。このシステムが、人間が出来事のマグマと運命に浸透し支配することを完遂するように導いた。技術は男性的な浸透力の人工的補充物として生まれ、近代の終わりに、この補充物が有機的器官そのものに取って代わる。他方、〝生活世界〟(レーベンスヴェルト)は複雑なかたちで自立化し始め、予知不可能なカオスと自然的散乱の女性的世界をなし、秩序と支配の手から逃れ出ていく。

自然世界を支配するという任務を遂行したあと、人間は自らの力を奪われたこと、そしてそれはテクノロジーによって吸収され制圧されたのだということに気がつく。

ショーペンハウアーからニーチェを通ってハイデガーに至る一筋の道があるが、それはノスタルジーをともなった〝超人間性〟への執着と言えるだろう。それはしばしば(つねにではないが)反動的な右翼政治と結びついている。この連中は男としての苦々しさと痛みをともなった力の減退を自覚して反発する。そして女性に対する攻撃を仕掛け、これが日常生活でも国際政治の舞台でも増大している。狂信的イスラム主義者が女性に対して行なっている持続的戦争は、男の力の喪失の自覚のなかから生まれた女性に対する憎悪のもっとも恐るべき自己証明《デモンストレーション》である。それは技術の力の勃興につれて、人間の力が失われていくという恐れをともなった強烈な知覚の現れなのだ。

ドストエフスキー

女性の自立化の台頭が引き起こした男性の欲求不満は、しばしば宗教的精神主義の高揚をもたらすが、それはときに鬱状態をともなう。そして男のヒステリーは文学のなかでも花開いた。ニコライ・ベルジャーエフは一九二一年に刊行されたエッセーのなかで、ドストエフスキーは黙示録とニヒリズムを深く考察し、神話的なロシア的魂の形而上学的ヒステリーとそれが強迫観念に陥っていく傾向を描いている、と論じている。ロシア的な心理的ヒステリーの系譜は権威主義的政治形態として現れる。そこではキリストのなかにだけ完全な自由がある。自由が日常化すると、幸福と社会的完全性のユートピアが現れて内面的自由を破壊する。ベルジャーエフはこの反動的ヒステリーと、情緒性とくに身体に対するエロス的知覚の衰退との関係を自覚していた。ドストエフスキーにおいては、女性は独立的個人として存在しない。人間の魂はもっぱら男性にかかわる。ベルジャーエフは言う。「ドストエフスキーにあっては、愛は決して望ましいものとして描かれることはない。そして女性の性格は独立的な意味を持っていない。

意味を持っているのは、つねに男の切迫した悲劇的運命である。女性はひとえに男の内面的悲劇なのである」(6)。

これが正しければ、ニーチェについても同じことが言えるだろう。ニーチェについて考えるとき、私は不確かでためらいがちになるが、それは私が彼の言葉、彼の意図、彼の哲学的企図を理解することができないからである。かつて私はドゥルーズの本（『ニーチェと哲学』一九六二年）を読んでいるとき、ニーチェに惚れ込んでいたことがある。

ニーチェについての本の序論で、ドゥルーズは「意志が欲することは差異を主張することである」と書いている。ドゥルーズのニーチェは、ヘーゲル的な〝否定の作用〞の代わりに、明るさと動きを説く。私はニーチェについてのドゥルーズの評言に納得して、ニーチェの本を自分で読むという困難な試みを始めた（『道徳の系譜学』、『曙光』、『教育者としてのショーペンハウアー』、『ツァラトゥストラはかく語りき』）。

やがて私は疑問を持ち始めた。この男はなぜかくも神経質なのだろうか？　自分が教授なのに、なぜ他の教授たちとかくも関係が悪いのだろうか？　聖職者となぜこんなに仲が悪いのだろうか？　女性となぜ仲が悪いのだろうか？　まあ、それは私の知ったことではないから、よしとしよう。しかし、ついに私は、こんなにひ弱な人間の口から出てくる意志の力についてのレトリックがしっくりこなくなった。

私はそれほどニーチェを気にかけていない。ショーペンハウアーやハイデガーよりも好きだ。

ニーチェは自分の弱さを開陳し、自分自身の言葉がもたらした嵐に自分の精神をさらす勇気を持っていた。それに対して他の者たちは、嵐を引き起こしながら、せかせかと快適な隠れ家に退却したのだ。私はショーペンハウアーと友達になりたくないし、ハイデガーも何の理由もなしに友達になりたくない。ニーチェとは、ちょっとやっかいかもしれないが、いい友達になれるだろう。私がニーチェを好きなのは、彼が奔放で明るく、クレイジーだからである。しかし彼の著作から伝わってくるヒロイズムと否定神学は、二十世紀の悲劇を先取り的に模倣したパロディーのように思われる。

いささかアクロバティックな飛躍になるが、われわれはここから超接続性と〝引きこもり〟の時代に着地する。ネット接続世代の身体はショーペンハウアーの身体のように孤独のなかに凝固している。しかしそれは同時にうれしい競争ゲームを繰り広げる身体でもある。一般知性は抽象的な接続の次元のなかに生きているが、認知労働者《コグニタリアート》の個人的身体は孤立によって分断されひ弱である。ショーペンハウアーのように、私もネットワークで結ばれた〝イッヒ・デンケ〟の生きた身体、知識と生産を可能にする生きた身体を探し求めている。しかしショーペンハウアーの身体は不幸であり、皮膚接触ができないという幻想に絶えず引き寄せられている。

肉体の起源と悲しみ

ミシェル・ウエルベックは孤独を主要なテーマとしているが、といって内面主義的作家ではない。彼が語る触知できる痛みは彼の個人的痛みであるだけでなく、彼がわれわれの時代を見るレンズでもある。

自身のウェブサイトで説明しているように、ウエルベックの両親は彼が六歳のときに彼に対する関心を失った。彼は幼年期を母方の祖母アンリエット・ウエルベックと過ごした。そしてこの名前を彼は受け継いだのである。彼はパリで農業科学を勉強し、研究者としてのキャリアを始めたが、その後コンピューター・プログラマーとして雇用され、鬱状態に陥った。「私のものの見方は鬱の人間の見方ですが、私は悲しいわけではなかった。私は怠け者だったんです」と、ウエルベックは二〇〇一年イタリアの新聞のインタビューで言明している。

私はこうした発言からウエルベックを精神分析するつもりはない。また彼の小説のなかに見つけられる自伝的要素に関心があるわけでもない。私が関心があるのは、彼の個性と彼の詩的世界が現状について何を明らかにしているかということである。

私は『素粒子』(一九九八年刊)を二〇〇六年に読んだとき、ミシェル・ウエルベックは、われわれの社会的・政治的行動に直接影響を及ぼす現代の精神風景に深く根差した何かを表現していると感じた。小説では、二人の兄弟ミシェルとブリュノが時代の流れから隔離された状態で生活している。世界に開かれた窓のない修道院のような暮らしである。周囲の世界を認識する能力は子どもの頃のような人間との身体的接触によって活性化されることはない。兄弟のひとり（ミシェル）は生物学者である。彼は世界は素粒子がねばねばと構成されたり解体されたりしながら再結合する空間であると思っている。もうひとり（ブリュノ）は高校の教師であるが、性的に成育不全で、自分のペニスは小さすぎて役に立たないと思っている。彼は一夜かぎりの愛人ともうまくいかないまま、学校で若い娘の腿に手を置くことをやめられない。

この兄弟にとって、周囲の環境には歴史がない。彼らの周りの身体は意識を持った身体として認識されない。なぜならそれらにも歴史がなく、ただ重苦しいだけの生物にすぎないからだ。性的快楽は人生で経験するかもしれないことのなかに含まれていない。それはただ単に、湿った粘膜の痙攣、有機的液体の噴出、筋肉の収縮、恥ずべき興奮、口にするのもいやらしい脱力、といった経験である。

この悲しみの起源はブリュノとミシェルの幼年期、彼らの母親との関係にある。ただし母親は小説には登場しない。というのは、彼女は何年も前に子どもたちを置き去りにして、カリフォルニアの恋人と消えてしまっているという設定だからだ。ウエルベックの強烈な反フェミニズムはすでにこの母親、美しく官能的な地中海人的母親のなかに込められている。この作家は、母親の身体の不在と、ブリュノとミシェルの性的性質や生活につきまとう悲しみを明白に結びつけている。

の性的行動に深刻な混乱をもたらす。

性的行動の根元的様相が先天的なものであるなら、人生の最初の年月の物語はその表現のダイナミズムにおいて特別に重要である。鳥類や哺乳類における同類のあいだの早くからの皮膚接触は重要に思われる……幼年期における母親との皮膚接触の剝奪はハツカネズミの性的行動に深刻な混乱をもたらす。(7)

ウエルベックはここで母親との接触が妨害された世界を想像している。この作家にとってフェミニズムやヒッピー運動はこの妨害に責任がある。ウエルベックはすばらしい作家ではあるが、この五十年間の文化的歴史についてほとんど何も理解していない。彼はフェミニズムを女性労働の社会的広がりと同一視している(これは彼に限らない誤解である)。フェミニズムはいまや複雑かつ豊かな文化的経験となっているため一義的な定義に切り縮めることは不可能である。とにかく資本主義機械による女性の時間と感性の捕獲はフェミニストの最終ゴールではないはずだ。

逆にわれわれは、フェミニズムはむしろ感性と怠惰を幸福な社会化の条件として称揚するものだと言いたい。しかし解放主義的フェミニズムは女性の労働世界への参入、生産のリズムへの女性の身体的(かつ精神的)エネルギーの統合を要求し獲得しようとする。その結果、母親としての精神的・身体的活動時間は減り、孤独な子どもが増える、というわけだ。

ネット接続世代の第一世代のなかで、幸福への社会的能力の欠如、自閉的傾向、共感の麻痺といったものが広がっている。

ウエルベックの目を通した世界

ウエルベックの憤激の哲学は、利己的な六八年世代が取得可能な喜びをすべて消費し、後続世代に何も残さなかったという想定に基づいている。この推論はもちろん大きな誤解に基づいている。しかし私は彼の精神分析家でもないので、ここで彼の考えを修正するために書こうとも思わない。私がウエルベックを読むのは、彼の目を通して世界を見てみたいと思うからである。私は作家たちに私の考えを裏づけてもらいたいわけではない。私が作家たちに求めるのは、誰か他人の目を通して私が世界を見る手助けをしてもらいたいということである。というのは、世界は数え切れないくらいの異なった見解が入り混じるダイナミックな交差点だからである。そして作家の見解はわれわれ自身の世界についての理解を高める（私の個人的意見だが、ウエルベックのような大作家ならなおのこと）ひとつの道だと思うからである。

『素粒子』の作者は、絶望する勇気、見たくないものをじっと見る勇気を持っていた。それは、軽蔑され卑しめられた、それゆえ攻撃的でもある男の身体の孤独から生まれる現代のファシズムの発生源に入り込んで凝視する勇気である。この本は近代政治文化の理想主義的観念論から距離をとる。それは労働や自国や戦争や土地や血の価値を祭り上げる人間たちの偽善的理想主義である。なぜそういうことになるかというと、彼らは意識的身体のあいだにおける会話や感性のあり方についてほとんど何も知らないからである。

女性への憎悪、六八年文化への憎悪、これらがウエルベックの作品で繰り返される筋道である。にもかかわらず、私は彼をわれわれの時代のもっとも重要な作家のひとりだと思う。というのは、彼はわれわれが生きているこの時代の人間の心理領域の窓を開いているからである。ウエルベックはわれわれの時代の諸運動や社会的歴史について何も理解していないと私は思う。しかし私は彼が世界についてどう考えているかなどということには関心がない。私が関心があるのは、彼が私に見させてくれる世界、彼が見ている世界、彼が表現している世界である。なぜならその世界はわれわれが住まっている（絶望を誘う悲しい）世界を構成しているものにほかならないからだ。

私はウエルベックの個人的痛みには関心がない。私の関心を引くのは、彼がある世代の痛みを物語る方法である。その世代とは、身体と精神がうまく合一するという幸せな経験に遅れてきた世代、そして潜在的な感情領域が完全に抽象化された世界に出会うには早く来すぎた世代である。

われわれは作家に真理を教えてもらいたいとは思わない。なぜならそれぞれの作家は、自分の特異的な真実、普遍的憤慨にまで変形された自分の個人的憤慨、世界を独自のやり方で照らし出す自分の喜びといったものを伝えるだけだからである。

作家がわれわれに開くヴィジョンの広さ、作家がいかに広い窓を提供してくれるかということが重要なのである。ウエルベックの提供する窓はきわめて広く、心理領域を支配しつつ歴史的舞台に現れつつある現代の時代精神、差し迫った野蛮性、不可逆的な荒廃といったものの奥深い潮流を見させてくれる。

彼の最新作『服従』〔二〇一五年〕は世間から疑いの目を向けられた。多くの人がこの小説のプロットは信じがたいものであると言った。また彼の予言は暗すぎると言う者もいた。こうした指摘に対して彼は小説のなかですでに答えている。すなわち、カッサンドラの予言は信じられたことはなかったが、つね真実であったということを、彼はわれわれに思い起こさせているのである。

ウエルベックが繰り広げる物語はありそうもない話である。イスラム政党がフランスの大統領選挙で勝利するなどということは、実際ありそうもない話である。しかし詩的なものはありそうなことを描くことのなかにはない。むしろ悪夢や幻想を見せることのなかにある。こうして(つまり想像力によって)世界の歴史はつくられるのである。この小説は無意識の視点からヨーロッパの未来をヴィジュアル化したものである。二〇一五年一月十一日、大きなだまし絵がメディアの大画面に写し出される。その日、『シャルリー・エブド』のオフィスでの虐殺に次いで、〝壁の中〟のパリ市民(この町には四百万人が住んでいる)が〝壁の外〟のパリ市民

（パリ郊外には約五百万人が住んでいる）に対する恐怖を追い払うためにデモ行進した。

二〇一五年十一月十三日のバタクラン劇場における虐殺は、二百年にわたる植民地主義と最近の十五年戦争によってもたらされた、どうしようもない憎悪の存在を深く認識させるものだった。西洋諸国は何年にもわたってイラク、アフガニスタン、リビアを爆撃した。その暴力がいま西洋の都市を攻撃するモンスターを生み出したのだ。この悪夢をわれわれは克服することができるだろうか？　いまのところ楽観的な展望はむずかしい。数十万人もの移民が西洋による攻撃で破壊された土地から逃げ、北ヨーロッパに到達しようとしているが、壁と有刺鉄線に阻まれて難渋している。この絶望した人々の大群衆のなかから、ヨーロッパの善良な市民に取り憑く次世代のモンスターが現れてくるだろう。

服従とヨーロッパの欝状態

マチュー・カソヴィッツの『憎しみ』（一九九五年）という映画を覚えているだろうか？　ある晩、アフリカ黒人の一団とアラブの若者が郊外のたまり場からパリの中心部という別世界へ向かう。といってもメトロで行ったらすぐのところだ。この映画のなかに、「シャルリー・エブド」の惨劇と共和国広場の近くで起きた恐るべき虐殺をつくりだした根元にあるものをすべて見つけることができる。

これらの恐るべき犯罪に続く日々、西洋のジャーナリズムの書いたものの大半は、表現の自由とジャーナリズムの自由を擁護するものであった。しかしこの暴力は表現の自由にかかわるものではない。この暴力は憎悪と恐怖にかかわるものである。この事件の核心にあるのは周縁《マージナル》化と暴力をめぐる問題である。

何人かのイスラム主義の殺人犯たちは、彼らの殺人計画はアブグレイブ〔イラク戦争時アメリカ人兵士による大規模な捕虜虐待が行なわれた刑務所〕のイメージから始まったとメディアに語った。一月の襲撃の殺人犯のひとりシェリフ・クアシは、アブグレイブ・ショックの後にテロリストになることを考え始めたと述べている。彼の宗教的改心はアブグレイブの屈辱の映像よりも前ではなくて、その後に起きたのである。

私はアメリカの兵隊が撮影した写真を見たときに考えたことを覚えている。私はこう思った。まさにこの瞬間、多くのアラブの子どもたちがテレビを見ている。彼らは成人するまで待って、西洋人の首を切るために命を捧げるだろう。まさにそれがいま現在起きているのだ。あのときの子どもたちが二十歳になった。彼らが社会的に統合される望みはない。あなたは勝者にならなければ生存する権利はない、という宣伝広告が毎日繰り返される環境のなかで彼らは生きている。彼らがイスラム主義の軍隊の一員になろうとすることに何の不思議もない。イスラム国は彼らに月額四百ドルの給与を与えている。それは彼らがロンドンやカイロでは決して得ることができない額だ。そして彼らは西洋人を殺したいと望むようになる。

二〇一五年一月十一日、自由擁護の一団がパリでデモ行進を行なった。そのなかには、ハンガリーで首相の座にありメディアや新聞を弾圧しているヴィクトル・オルバンがいた。またトルコの首相アフメト・ダウトオールもいた。彼は体制が好まない映画俳優を投獄したり、クルド人を攻撃するためにイスラム国を支援している人物である。さらに、サウジアラビアの大使モハメド・イスマイル・アルシェイクもいたが、彼はその民主主義感覚や市民権の尊重がいかなるものかよく知られた人物である。イスラエルのネタニヤフもいた。彼はユダヤ人をファシズムと永久戦争へと導いている人物だ。もうひとり最後に挙げると、ジャン＝クロード・ユンカーもいた。彼は現在ヨーロッパの労働者の賃金カットを行なっている張本人だが、かつてヨーロッパで活動する大企業にEUへの税金を払わないように、そしてルクセンブルグという自分の小国の銀行に払うように、と説得した人物である。

パリで起きた虐殺はヨーロッパの政治文化のなかに逆説的なアイデンティティ効果をもたらした。すなわち、移民に抗するナショナリズムが、社会を疲弊させる金融的侵略に対する怒りと並行的に増大しているという現象である。

ヨーロッパのアイデンティティはかつては繁栄の共有という価値観に基づいていた。経済的安全と社会的民主主義がヨーロッパの〝特殊な差異性〟をなすものであった。しかし、最終的に、金融の侵略がヨーロッパの連合体を社会的に疲弊させることになった。

ヨーロッパ連合は生き延びるために新しいアイデンティティを必要としている。それは現在ヨーロッパ大陸でナショナリズムやレイシズムや憤激というかたちで台頭してきている〝ヨーロッパ・ナショナリズム〟であろうか？

『服従』は西洋のイスラム化の過程、ヨーロッパ人の無意識のなかに住み着いているパラノイア的幻想を語っている。ノルウェーのアンネシュ・ブレイヴィークが七十七人の若者を殺した事件がその象徴的事例である。しかしもちろん、西洋にイスラム化の進行はない。ウクライナや中東、あるいは北アフリカから広がってきている戦争があるだけである。ヨーロッパはそのなかにゆっくりと（それほどゆっくりではないかもしれないが）沈み込んでいるということだ。

『服従』を政治的予言として読むのは無理がある。これはイスラム政党に統治されるフランスの話、女性がひとりもいない政党（パリでそんなことを想像できるだろうか？）に統治される話である。それはまた、サウジアラビアの金で支配されるソルボンヌ大学の話であり、教授はイスラム教に改宗しなくてはならないという話である。いかにも非現実的な話ではないか。

しかしこれがこの小説の要点ではない。たとえばフィリップ・K・ディックの小説のプロットは地政学的にはほとんどありえない話が多いが、彼はその代わり何かもっと本質的に重要なことに焦点を当てている。ウエルベックも同様であり、彼はフランス共和国の政治的運命よりももっと重要な何かに焦点を当てているのである。彼が焦点化しているのはヨーロッパの瞬状態である。この欝状態の起源には、私の見るところ、自己憎悪の感覚が横たわっている。そしてこれがまたウエルベックの詩学の核にあるものでもある。恐れではなく欝状態がヨーロッパ人の攻撃的アイデンティティ主義に糧を与えるネガティブな力なのである。そしてもちろん、イスラム世界の攻撃的アイデンティティ主義についても同じことが言える。

ウエルベックの欝はロマンティックな憂鬱症ではない。それはノヴァーリスのような崇高なものではなく、無限に続く甘いパニックの香りがするものでもない。ウエルベックが描く現代の悲しみは、人間の人間に対する共感の崩壊から生じるみじめな悲しみであり、不安定な性的痙攣や有機的物体に還元された身体の自閉的反作用をもたらすものである。

ウエルベックは現代的欝のもつれた精神に向かう。そしてその結び目を取り出して、それを(哲学的によく考えられた)服従の礼賛に変える。この小説においては、服従はイスラムをヨーロッパを征服するほど強力にさせる文化的・心理的したがって政治的な力を持つ。

イスラムはニーチェ的に言うと世界をあるがままに受け入れる。仏教徒が世界は〝苦と不均衡〟であると考え、キリスト教徒が悪魔《サタン》がこの世界の統治者であると考えるのに対して、イスラムにとって世界創造は絶対的に完全であり、絶対的な傑作である。イスラム化されたソルボンヌ大学のイスラム化された学長がこの小説の主人公を説得するためにこのように言うのである。

あまねく広がったカオス的な無のなかで、服従は魂の平和のための唯一の条件であり、成功のための唯一の条件でもある。

実のところ、最高の法（アラーの法や市場の法）への服従は中身のないものではなく、むしろ人間による他の人間の制圧、とりわけ女性の制圧を包含したものである。

服従とコンピューターの力

服従に対する独特の解釈がテクノロジー崇拝の核心にある。

デジタル的服従の含意を理解するために、私はカリフォルニアのデジタル哲学の思想家のなかでもっとも重要なひとりケヴィン・ケリーを参照したい。ケリーは一九九〇年代に *CoEvolution* という雑誌を刊行したあと、世界的に有名な雑誌 *WIRED* の編集長になった。

インターネットの創造の歴史において決定的な年であった一九九五年、ケリーは『アウト・オブ・コントロール』〔未邦訳〕という本を刊行した。この本の核心は、グローバル・マインド、つまり機械と精神と眼とソフトウェアなどの一体化は、サブグローバル・マインドよりも優れている。したがってわれわれはグローバルネットワークの理性を理解することができないし、ましてや審判したり拒否したりできない、という彼の主張である。

ケリーによると、グローバル・マインドの展開はわれわれが影響を及ぼしたり逸脱したりすることができないプロセスとして考えられねばならない。なぜなら、われわれは全体性を持ったデジタル体系の法の下にある知識水準に置かれているからである。そしてデジタル・ネットワークの拡張はコンピューター化の領域を広げるとともに、人間の生活空間をコンピューター・パラダイムに縮小的に変化させる。

ケリーは次のように論じる。

生物学的機械《バイオロジカル・マシーン》の時代にあっては、人間はもはやゲームのメインプレイヤーではない。なぜなら技術的自動装置（ロボット）が優位に立つからである。近著『〈インターネット〉の次にくるもの――未来を決める十二の法則』〔二〇一六〕のなかで、ケリーは、現在のテクノメディア・システムのなかに組み込まれた傾向によって規定された方向に向かって必然的に未来を形づくる十二の力を描いている。

人間の条件を越える最後のジャンプは、日々の生活と労働の構造のなかに広がっていく人工的思考機械の拡張によって必然的に引き起こされる。「人工知能の到来はすべてのものの崩壊を早める……それは未来の発源力なのだ。われわれはこの力が必然的なものであると確信をもって言うことができる。なぜなら、それはすでにここにあるからである(8)」。イスラム主義者が神の心のなかに必然的に書き込まれたものの前にひざまづくように、技術的未来の宗教的ヴィジョンはケリーをネットワーク機械の完全無欠の優越的意志への服従をプロモートするように導く。

しかし機械はそれ自身のなかにもそれ自身についても意志を持っていない。機械が従う方向は、機械をつくった人間が歴史的進化のある一時点に機械のなかに組み込んだ方向である。この方向は、事態が錯綜したとき、ある不可避的なゲシュタルトで作動するような仕方で組み込まれている。しかし人間の意識はそのゲシュタルトの持つ限界や罠から精神活動を解き放つことができる。

ケヴィン・ケリーの哲学的叙述のなかにはひび割れがある。彼はコンピューター化は、言語活動、行動をはじめ、およそありとあらゆる人間生活の隅々にまで浸透しつつあると考えている。しかしコンピューター化できないものを考慮に入れていない。たとえば、社会的行動や過剰な言語活動のなかに組み込まれた震動的で捉えがたい異次元への飛躍。

ケリーは意味をコンピューターの基準に還元することはできないということを考慮に入れていない。しかしわれわれは、基本的ゲシュタルトのもつれを解きほぐし再組織化する過程に踏み出すために、コンピューター化できないものの力を重視しなくてはならない。コンピューター化できないものは人間の進化を主導する力である。そうであるがゆえに、われわれの歴史は人間的なのである。

数学者マーティン・デイヴィスは『万能コンピューター』という本のなかで、ライプニッツとドン・キホーテを比較しながら、神が最良の世界をつくったというライプニッツの考えにドン・キホーテの世界は不完全であるという意識を対置している。「ライプニッツは、おのおのの知識の面が表現される普遍的な人工的・数学的言語について、あるいはさまざまな命題のあいだの論理的な相互的関係を明らかにする計算規則について語っている。そして最後に、計算を実行するとともに、精神を創造的思考のために解き放つことができる機械を夢見ている」(9)。

しかしライプニッツの理論的前提は、世界の全現象はコンピューター化可能な要素の再結合に還元することができるという考えである。デイヴィスはライプニッツの考えについてこう要約する。「神は世界の可能性についての全知全能的視点から、構築しうる最良の世界を正確につくった。したがって、われわれの世界の悪い要素は良い要素と最適の仕方で釣り合っているのである」(10)。しかしデイヴィスは、この還元的要約は間違っていると指摘してこう言う。人間の生活や社会が、生きた有機体とりわけ意識の不完全性や非正確的近似性を露呈したとき、たとえライプニッツでもこのことを認めざるを得ないだろう。

機械の完全性は機械が無限の不完全性を包含するのに適していないことの裏返しなのである。

ヒューマニズムとテクノロジー

ウエルベックのイデオロギー的な敵はヒューマニズムである。『服従』の主人公は「〝ヒューマニズム〟という言葉を聞くと私は気分が悪くなる」と言う。

しかし彼はこの言葉で何を意味しているのだろうか？

私にとって〝ヒューマニズム〟という言葉は、人間の行動の存在論的不確定性や、いっさいの神学的原理からの歴史的運命の独立を表わすものである。

私にとってヒューマニズムは、伝統的な宗教神学にかぎらず、〝他に選択肢はない〟という断定に基づく経済的神学も含めて、あらゆる神学の否定である。

ヒューマニズムと呼ばれる哲学的運動が始まった頃、ピコ・デラ・ミランドラは『人間の尊厳について』のなかで、神に対して、自分の居場所から離れること、そして人間に書かれざる運命を不安を抱いて待つというスリルを味わわせるようにと、やんわりと説いている。

ウエルベックの小説の鬱的教授はヒューマニズムを軽蔑している。なぜなら彼にとって、人間は生物学的・欲動的な動因に還元される存在にすぎないからである。彼は欲望の文化的発生源を完全に捉えそこなっている。ヒューマニズム的自由は意識であり、想像力であり、存在論的基盤が不在の場所に言語的構築を行なうことである。

これが近代の冒険が起きた次元である。すなわち政治的自由は二義的なものであり、第一に重要なのは、存在論的不確定性であり、神的存在からの自立なのである。

技術と経済の結合は新たな技術支配の条件を生み出した。市場というグローバル機械は現在のポスト・ヒューマニズム時代における人間の暗黙の運命の鍵を握っている。神が技術に変装して戻ってきたのだ。イスラムはこの新自由主義への服従の補完物にすぎない。

ウエルベックの描くイスラム化は新自由主義にシャリーアを加えたものである。それは西洋のジャーナリストが好む穏健なイスラムであり、ムスリム同胞団がエジプトに建設しようとしたものと同じであり、サウジアラビアの石油財閥権力と同じものである。イスラムという神学と、新自由主義という神学が合体した二重神学である。ウエルベックが想像するところによると、イスラム政党がフランスで権力を握ったとき、モハメド・ベン・アッベス〔『服従』に登場するイスラム同胞党の大統領候補〕は公的支出を一掃しすべてを民営化する。教育システムはサウジアラビアの財政支援を受けて、部分的にイスラム、部分的に民営ということになる。

『服従』を読んでいると、作者の予言を真面目に受け取ることはできないような気分になる。というのは、その予言は想像不可能で、ありそうもなく、不可能に思えるからである。これが私が読んだときに思ったことであるが、しかし私は間違っていた。

十年前には不可能に思えたことが、この五年くらいにヨーロッパで起きたのである。われわれはギリシャのような国が現在のような絶望的な貧窮状態に陥るとは想像できなかった。われわれはイタリアの産業システムの四分の一が解体されるなどと想像することができなかった。

われわれはヨーロッパの諸政府が反移民ファシズムに右へならえするなどと想像することはできなかった。またナショナリズム政党が多くの国々で政治的力を持つなどと想像することはできなかった。われわれはヨーロッパ連合がおのれの根元的価値観を裏切ることになるなどと想像することはできなかった。われわれはいま現にわれわれが生きている未来を想像することはできなかった。しかし結局、この未来が可能だったのであり現実になったのだ。金融資本主義の神学政治的愚劣さが、かつては想像もできなかったことを可能にしたのである。

第三章　欲望のダークサイド

老化、美学、政治

アメリカの雑誌 *Daedalus* (*Journal for the American Arts and Science*) は、一九八〇年に、「老化のピラミッドが四角になる」という特集号を出した。ピラミッドが四角になるのは、人々がより長生きし、出生率が下がるからである。今後は若い人が減り、年寄りが増えるということだ。

数十年前までは、六十歳を越える人はほんの少数だった。ときには彼らは尊敬のオーラに取り巻かれていたが、むしろコミュニティーに入れず社会の片隅に追いやられ、生きる手段を剝奪されることの方が多かった。しかしいまは状況は異なる。出生率の低下と平均寿命の延長によって、年寄りは全人口の重要部分を占めている。社会福祉の対象者として、彼らは一定の年金をもらう一方、選挙における投票率が高いため彼らの意見は重要性を帯びている。

しかしながら、老化の文化的意味は無視されるか、劣化という概念に切り縮められている。文化的あるいは心理学的視点から見たとき、社会の高齢化への流れは何を意味するのだろうか？

西洋文化はつねに若いエネルギーによる創設的神話に取り付かれてきた。性的なものだけでなく、政治、芸術、美など、すべてのものがエネルギーを崇拝していた。ウイリアム・ブレイクは「エネルギーは永遠の喜びである」と言っている。

近代文化の根元的なエネルギー源は、エネルギーが身体から技術に移行することによって揺さぶられ、脅され、防衛的に反応する。年老いた人間はエネルギーを機械的あるいは化学的な補綴物に譲り渡し、身体的活力の代替品としてのお金にエネルギーを投入するようになる。

前世紀の家族においては、三十〜四十歳の親は、一家の富裕な大黒柱であった。しかしいまや、四十歳になっても不安定労働者であったり失業者であったりしてお金に恵まれていない。六十〜七十歳の祖父母たちが一定の年金を支給されていて、孫の学費を支払っていたりする。

福祉時代の労働者であった人々は金持ちではないが、月々いくらかの収入はある。それに対して、ポスト福祉時代の労働者の多くは不安定でわずかな収入しか得られない。その結果市場は高齢世代に特別の注意を払うことになる。われわれはこの人口構成の変化を理論的・感覚的に捉え、その心理的・文化的含意と結果を究明しなくてはならない。

支配階級の文化も運動の文化も、ともにエネルギーの根元的神話によって形づくられている。

商業広告も革命のプロパガンダも、ともに欲望のエネルギーに基づいている。

ドゥルーズ／ガタリは『哲学とは何か』のなかで、欲望を老化という視点から再考している。「カオスから脳へ」と題された最終章で、人はある時点で、世界やカオスについて、そして知覚・注意・理解といったものを鈍らせる周囲の環境の加速化について苦痛を感じるようになる、と彼らは言っている。世界は老化した脳にとって同化するには早く変化しすぎる。これが欲望のダーク・サイドである。われわれが若いエネルギーでもって創造した技術世界は、いまや人間の精神がコントロールするにはあまりに早く変化し複雑化しているのである。

ガタリは『カオスモーズ』のなかで、カオスモーズ的痙攣について語っている。つまりわれわれはもはやカオスモーズ的欲望のリズムについていくことができなくなっているということである。

身体的・感情的・歴史的な出来事は脳や精神の速度を落とす。そして世界の速度と精神の緩慢さのあいだに生じる不協和音のなかで苦痛が起きるが、これが欲望のダーク・サイドである。しかし欲望はエネルギーや速度であるだけではない。それはまた別のリズムを見つける能力でもある。

ここで私は老化の問題だけを考えているのではない。私は政治の技術やわれわれの概念構成を変える技術の話をしているのである。

われわれは生産性という視点、獲得とか統制という将来の展望を放棄しなくてはならない。

その代わりに、われわれは怠惰と自己介護という視点を引き受けなくてはならない。われわれは不能《インポテンツ》を競争世界から離脱する逃走線に変えなくてはならないのだ。

われわれは疲弊することがそんなに悪いことではないということを発見しなくてはならない。疲弊の問題とわれわれはどうつきあうべきか？　死の現実性を政治的課題のなかに組み入れることだ。衰えを連帯のライフスタイルに変えることだ。

ヨーロッパの老年世代は文化革命の主体となり、西洋社会を富と資源の再分配をめざす社会にするための準備に取りかからねばならない。この文化革命は、近代文化にしみ渡ったエネルギー信仰への批判とともに出発しなくてはならない。際限なき成長とか攻撃的競争といったイデオロギーは資本主義的発展の主柱であった。それらがロマン主義的・ナショナリズム的なイデオロギーの源泉となり、後期近代の西洋社会を侵略的に発動させた。

われわれは未来の問題に対して老熟した視点からアプローチをすることを必要としている。競争崇拝を連帯と共有の崇拝に取り替えなくてはならない。

このような見通しは現時点においてはありそうもないものに見えることを私も認識してはいる。ヨーロッパの民衆は手に入るかぎりすべての手段を使っておのれの特権を守ろうと決意しているように見える。しかしこのようなスタンスは何もいいことをもたらさないし、すでに多くの悪をもたらしている。

厳しい状況から逃れようとする若者がヨーロッパの要塞を取り巻いている。彼らは幾百年にもわたる搾取と屈辱の記憶を無意識のなかに抱え込んでいる。また、広告やグローバル・イデオロギーが遅ればせに彼らに約束したものに対して意識的な期待を抱いている。

過去数十年、ヨーロッパは平和と社会正義の大陸であるように思えた。しかしいま、ヨーロッパは悲しみとシニシズムの波の下に沈みつつある。若者は社会的状況を変えることができないように見える。彼らは連帯やくつろぎのない社会的迷路のなかをさ迷っている。

老齢世代の民衆がくつろいだ精神で不可避的な事態に立ち向かうことができるなら、彼らが新たな希望の担い手になることができるだろう。彼らは人類がこれまで知ることのなかった何かを発見することができるかもしれない。それは老齢への愛であり、もはや叡智以外によきものを人生に期待しない人々のゆったりとした感覚、といったようなものだ。たくさんのことを見聞し、何ものをも忘れないでいる人々、しかし無垢の好奇心でなおあらゆるものを見続ける人々の叡智。

フランシスコのメッセージ

ナンニ・モレッティは『ローマ法王の休日』(私の見るところ、この監督の一番いい映画)のなかで、巨大な歴史的苦悩に直面した人間の不能《インポテンツ》を描いている。映画では神はどこにもいなくて、ミシェル・ピッコリ演じる新しく選ばれた法王が、神の不在のなかで生じた想像を絶するカオス的現実を言葉で表現できずにいる。

ナンニ・モレッティはその天性の才能によって、この映画が公開されてから少し後にローマの教会で起きたドラマを予告している。

二〇一三年二月、すべての相対主義に対する真理の絶対的優越性を断言したドイツ人法王ヨーゼフ・ラッツィンガーが、自分の肉体的・精神的虚弱を理由に辞任した。これは先例のない勇気と謙遜の行為であったが、われわれはこれを倫理的理性の政治的不能の自認として哲学的に解釈しなくてはならない。

私は神学研究者ではないので、このようなとんでもない行為の背後にある意味や意図を深く理解していると言うつもりはない。しかし、非宗教的哲学の視点から言うなら、ラッツィンガーあるいはベネディクト十六世の辞任は、グローバル資本主義の動物的本能のなかに物質化されるかたちで解き放たれた悪の力を制御し抑制する歴史的試みの失敗をしるすものだと考える。ベネディクトは自らの虚弱性によってうちひしがれ、沈黙し、うなだれた。しかし彼が自らの不能を認めたことは、私から見ると、彼の強さの最高のしるしである。

それから別のことが起きた。偏狭な暴力、保守主義の傲慢、経済的貪欲といったものがいたるところで優位に立っているとき、サンピエトロ大聖堂の窓辺に一人の新しい人間が姿を現わし、〝こんばんは〟と言いながら群衆を迎えたのである。

私は神を信じる者ではないので、二〇一三年三月に、法王庁の教皇選挙秘密会議で一堂に会した高位聖職者を聖霊が啓発するなどという考えを無神論者として受け入れることはできない。しかし少なくとも人間的知恵が彼らを新しい法王フランシスコを選ぶように導いたということだ。フランシスコ法王は、倫理的暴力、政治的抑圧、経済径搾取に対して——ひとりで——立ち上がっているように見える。

私はフランシスコ法王の説教の神学的意味を適切に解釈できるとも、またしたいとも思わない。しかし私は彼の行為と言葉の哲学的含意を歴史的パースペクティブから理解したいと思う。二〇一五年四月、フランシスコは〝いつくしみの特別聖年〟を開くにあたって、〝いつくしみのみ顔〟という教書を公表した。その内容は真理と慈悲との関係を明瞭に再定義するもので、真理に対する慈悲の優越性に力点を置いたものだった。

われわれはここで〝慈悲〟という言葉を〝共感〟という言葉や〝連帯〟という言葉に置き換えることができる。

彼自身の言葉によると〝世界の終わりからやって来た〟この法王は、教会は野戦病院と見なされなくてはならないと言明した。

今日教会に求められていることは、傷を癒し、信者や信者の近くにいる人々の心を温めることです。私は教会は野戦病院だと思います。傷ついた人にコレステロール値が高いかどうかたずねても無意味です。彼は傷を癒されなくてはならないのです。そうしたあとで別の話をすることにするのです。傷を癒すことは私たちの使命です……私たちは下の方から出発しなくてはならないのです。[1]

ここで際立っているのは、希望を語ることを放棄した法王の知的勇気である。彼はそうしながら、われわれの生きる時代に行き渡っている感覚を解釈する。すなわち未来に希望を求めないという認識である。しかし彼はこの希望のなさを、慈悲、同情、友愛という方向に移し変える。

キリスト教の語法では、信仰がなければ希望はありえない。しかし共産主義、民主主義、社会進歩が前世紀の終わりに崩壊して以来、信仰はなくなったように思われる。資本主義だけが生き延びている。しかし資本主義に対する信仰も、この間の金融界の驕りと不安定労働によって同様に崩壊している。一九九〇年代、資本主義は社会生活の普遍的・最終的モデルとして君臨し、多くの情けない左翼知識人までそれに巻き込まれた。それからたった二十年後の現在、資本主義は信頼をほとんど失っているが、どうにも止まらない自動機械として機能し続けている。それはもはや合意の力で勝ち続けているのではなく、力によって精神と身体を支配しているのだ。

要するに、信仰は終わったということである。

私は信仰者ではない。私は神もイデオロギーも信じない。だから信仰の終焉が悪いことだとは思わない。逆に私は、われわれが信仰から解放されたら、時代の本当の傾向を把握することができるし、その傾向がもたらすもっとも興味深い可能性を把握することができると考えている。

しかし可能なことをつかみとり、それを現実化するためには、われわれは友愛、連帯、幸福、喜びといったものを身体化しなくてはならない。これがまさに現在われわれに欠けていることだ。希望でも信仰でもなく、友愛こそが欠けているのだ。そうであるがゆえに、人間性が戦争と自殺の深淵に沈みかけているのだ。

フランシスコの言葉に対する私の解釈は冒瀆的であるかもしれない。しかしそこで意図された意味と矛盾するものではないだろう。神はわれわれの戦争、われわれの汚染、われわれの搾取、あるいはわれわれの労働の不安定性といったものを引き受けようとはしない。神はおそらく誰にもわからないもっと差し迫ったことのために忙しいのだ。われわれは神の助けなしでことをなさねばならないのだ。

したがって、われわれは希望を捨てなくてはならない。世界機械は統御不可能であり、人間の意志は不能である。友愛だけが残されている。これがフランシスコの言葉に対する私の理解の仕方である。

フェデリコ・カンパーニャは「輝く赤い星の下のフランシスコ法王」と銘打たれた興味深い

テクストのなかで、二〇一三年に選ばれた法王の行為と一五〇三年に選ばれた法王の行為を対比している。〝武装した法王〟ユリウス二世。彼は高位神官戦士として〝異邦人を撃退する〟ための戦いに人生を捧げた。

カンパーニャはフランシスコのメッセージの政治的解釈を提案する。つまり法王は社会活動を呼びかけ、共産主義革命の失墜以降、他に政治的代表を持たない世界の民衆の参照基準になろうとしているのだと。

私はフランシスコの説教が政治的意図と効果を持っていることは否定しないが、しかしこれがこの男のもっとも重要なメッセージだとは考えない。私見によれば、フランシスコのもっとも重要なメッセージは、キリストは正義を実現しに地球に来たのではなく、友愛と慈悲を説くために――釈迦と同じように――来たのだという彼の示唆なのだ。ついでに言うなら、ゴータマ・シッダールタ（釈迦）はフランシスコと同じように慈悲を存在の特異性と宇宙の動きとを調和する唯一の道であると語っている。

一九七八年九月十日、アルビノ・ルチアーニという法王〔ヨハネ・パウロ一世〕が「神は父というより母である」と述べた。彼はこのいささかスキャンダラスな言明を行なってから、わずか数週間後に死去した。

フランシスコは、キリストは真理の厳しさよりも慈悲を体現していると述べることによって、ルチアーニの考えを別の言い方で表現しているのだ。彼は慈悲を強調することによって、法に対する父性的執着ではなく人間の弱さに対する神の母性的配慮を示唆しているのである。

われわれはこれを政治的文脈から読み取らねばならない。キリスト教徒は多くの国々でその宗教的帰属のゆえに殺害されている。しかしフランシスコは聖戦を呼びかけない。彼は逆に、西洋の権力をそのイスラムに対する攻撃的態度のゆえに繰り返し非難した。

フランシスコによる慈悲の強調を、われわれは、ギリシャの民衆の生活や未来を破壊している金融暴力やヨーロッパの厳格さの告発という文脈で読み取らねばならない。また彼の慈悲の強調を、シリア、イラク、アフガニスタンといった際限なき西洋の戦争によって奈落に突き落とされている国々から逃れてくる人々の受け入れを拒否するヨーロッパ諸国のエゴイズムとの関係で解釈しなくてはならない。

私はあの世で贖罪をしようとは思っていないので、この時代には絶望が唯一適切な知的態度だと考えている。しかし同時に私は、絶望と喜びは両立不可能ではないと考えている。なぜなら、絶望は知的精神状態であるが、喜びは身体化された精神状態だからである。友愛は絶望を喜びに変える力である。〝世界の終わりからやって来た〟という男から私が学んだのはこのことである。

第二部　顕在力

第二部では、可能性のフィールドを決定論的構造に縮減する方向に向かう潜在力の現代的変形を解釈し説明したいと思う。

われわれの時代における政治的・経済的力の形姿とはどのようなものだろうか？　力は、決定し意志を押しつける人間行動と一体化しなくなればなるほど、自動化の技術的―記号的連鎖と一体化することになる。

しかしこの力の自動化（オートメーション化）は、一九八九年以降西洋の支配階級が夢見たような帝国秩序の遂行に通じるものではなかった。

世界の帝国的支配計画は失敗した。テロルと地域戦争がG7（あるいはG8やG20）的な国際秩序の概念を危機に陥れている。社会的頭脳の社会的身体からの分離が遠心的な闘争の爆発を引き起こした。力は同時に自動化とテロルの両者に基づいている。

自動化はネット接続的頭脳の展開のなかに埋め込まれた抽象化のルールであり、テロルは頭脳なき行動の結果である。社会的再構成の展望や合理的な政治的戦略を失った数え切れないくらいの闘争主体は、暴力、攻撃、戦争といった、アイデンティティを確認するための最終的ファクターに向かう。

この第二部で、私は力を認識的自動装置の構築プロセスとして描く。ハキリアリ〔南米原産のアリで、葉を集めそこに発生するキノコをえさとする〕の神経組織の機能を、生きた頭脳をテクノロジーによって征服するという現代的事態を例証するものとして取りあげる。金融経済ならびに金とコードの進化形態を認識的自動装置が実動するフィールドとして捉える。

第四章　オートメーションとテロル

われわれは問題と解決という線に沿って歴史的過程を説明することはできない。解決可能問題は数学の分野にしか存在しない。人間世界においては、治療過程に終わりはないので、問題は解決不可能である。問題状況が進化し、地平を変え、最後に新しい問題状況が出現し形状化するとき、それまでの問題状況は姿を消す。

社会的進化は、解決不可能の難問の連続、可能性の出現、震動的揺れ、そして最後に多くの可能性のなかからのひとつの可能性の選択と実行として説明することができる。しかしこれは共同的生活の無限の複雑さを解決するものでも安定化するものでもない、一時的解決にすぎない。

私は多くの可能性のなかからひとつの可能性を選んで実行するときの一時的条件を顕在力と呼ぶ。また可視的であると同時に不可視的でもあるものの体制を顕在力と呼ぶ。顕在力はさまざまな可能性の装置を可視的空間から排除し不可視化するからだ。

多くの可能的形態のなかからひとつの形態が浮上し、それがわれわれを取り巻く環境を認識するひとつのフォーマットに転化する。このフォーマット化したゲシュタルトは知覚的コードであり、形を生み出す形である。

これが顕在力という力だ。

われわれが顕在力が現在とっている政治的形態を説明したいと思うなら、世界構造のなかにおける新自由主義的グローバリゼーションとデジタル・テクノロジーの効果から始めなくてはならない。工業的近代から現在のグローバル・ネットワークへの移行は、ミシェル・フーコーが社会化された身体のコントロール・モデルへの規律的従属として定義したモデルからの移行として構想された。これをドゥルーズは「コントロール社会についての補足説明」〔邦訳「追伸――管理社会について」、『記号と事件』（河出文庫）所収〕という論説のなかで要約している。ドゥルーズは次のように書いている。


〝コントロール〟とは、新手のモンスターを名指す用語としてバロウズが提案している呼称である。フーコーがわれわれの直近の未来として認識しているのも、このコントロールだ。ポール・ヴィリリオもまた自在に変移するコントロールの超高速形態を絶えず分析しているが、それが閉じられたシステムの時間枠のなかで作動する旧来の規律に取って代わるというわけである。そこでは、途方もない薬剤生産、分子工学、あるいは遺伝子操作などは、たとえそれらが新たなプロセスに介入すべく待ち構えているとしても、あえて援用する必要はない(1)。

ドゥルーズはウイリアム・バロウズの示唆に従って、〝コントロール社会〟を、外的秩序への昔ながらの服従原理に取って代わる行動のオートメーション化の体系的普及と見なしている。

企業が工場に取って代わるように、生涯教育が学校に取って代わり、持続的コントロールが試験に取って代わる。これが学校を企業の手に委ねるもっとも確実な道なのである。規律社会では、（学校から兵舎へ、兵舎から工場へと移るたびに）人はいつもゼロから再出発しなくてはならなかったのが、コントロール社会では、人はなにごとをも終えることはできない。企業も教育システムも兵役訓練も、普遍的な歪曲システムのように、すべて同じひとつの変動のなかにおける準安定的共存状態に置かれている(2)。

顕在力が現在とっている社会的形態を描こうと思ったら、われわれはマルクスが行なった資本と労働の関係における形態的支配と実質的支配との区別を呼び起こさねばならないだろう。『資本論』の（未公刊の）第六章として知られているテクストのなかで、マルクスは形態的包摂を、労働時間の延長による剰余労働の搾取を目的とする強制的関係として規定している。
その少し先で、マルクスは実質的包摂を次のように定義している。

資本の下への労働の実質的包摂は、絶対的ではない相対的な剰余価値としてあらゆる形態で展開する。
資本の下への労働の実質的包摂にともなって、生産様式そのもの、労働の生産性、そして資本家と労働者とのあいだの関係に、まったき革命（恒常的・持続的に繰り返される）が起きる。資本の下への労働の実質的包摂の場合、労働過程におけるすべての変化が現実に効果を発揮する。労働の社会的生産力が発展し、大規模労働にともなって科学と機械の直接的生産への適用が起きる。一方で、資本主義的生産様式が物質的生産の形状を変え、他方で、生産の物質的形状の変化は、資本関係の発展のための基盤を形成する。したがって資本関係は、労働の生産力の発展に見合った水準に適合する形状をとることになる。(3)

形態的包摂の次元においては、労働過程はたとえ資本家の経済的支配に従属しても、変化しない。資本家は、相対的剰余価値（時間単位で生産される剰余価値の総計）を増やすために、労働過程にテクノロジー的変化を導入するが、それは剰余価値の搾取の強度を高め、最終的にその総計を増やす。これが形態的包摂から実質的包摂への移行をしるしづける。資本家は最初の局面においては労働者の生産労働を単純に搾取するだけだが、次の局面においては資本家は生産のリズムを早めるために労働過程を変化させる。

実質的包摂は機械の導入と符合する。機械の機能は労働生産性の増大ならびに物質的変化をもたらす身体的行為に取って代わることである。オートメーションが実質的包摂の最終形態であり、これでもって人間的時間は流れによって捕獲される。

今日オートメーションは認識（記憶、学習、決定）の領域を弱体化し、実質的包摂の最終形態――私が〝精神的包摂〟と呼ぶもの――への道を開いている。力はここで生権力の形態をとる。そしてそれは社会生活の神経組織のなかに埋め込まれる。

しかしながら、この生権力の出現は単線的なものではなく、少なからぬ問題を含んでいる。テクノロジーはデジタル・ネットワークの積載空間のなかの脳の連結装置を包摂し形状化するが、地球上の生きた身体はその空間の外に延びる身体的空間に住み着いている。この分離は社会的意識の喪失、社会的連帯の崩壊、そして最後には民族的所属意識の強化、攻撃、戦争といった政治に行き着く。

以下のページで私は、この生の力が現代においてとる形態をスケッチしたいと思う。一方には、言語と相互作用のオートメーション化されたパターンがあり、他方には、愚かな自殺的行為の爆発的展開がある、という情景である。

活性的変化

まず第一に、ホモサピエンスの生きた空間のなかに言語ウイルスを組み込むのに、どれくらいの時間がかかったのだろう？

言葉が人類を規定するのに十分な一貫性をもって根付くのに、どれくらいの年月が必要だったのだろう？

その後、書くことが可能になる前に、テクノロジーが時空間を横切って情報や思想や感情を運び、十分に定着・普及して、思想やコミュニケーションや生産や政治権力が形状化されるのに、どれくらいの時間がかかっただろう？

ハムラビ法典からグーテンベルクまで、四千年の時間が流れている。言語は社会の出現を可能にし、人間の環境からの自立的差異化を可能にし、既存の現実からの飛躍——それはパウロ・ヴィルノによれば否定の能力として存立する——を可能にした。言語空間においては、否定と想像力の二重のプロセスが可能になる。

二十世紀から二十一世紀への移行にともなって、われわれは新たな変化の時代に入ったが、そこには以前からの二つの変化とそれほど変わりはない変化が見られる。この新たな変化は、デジタル・ネットワークへの言語の捕獲、包摂、統合に基づいている。われわれが人間と呼ぶこうした意味作用の作動主体の結合的捕獲は、おそらくここ三十年か五十年のあいだに行なわれた。じつに短い時間ですべてが不安定化した。認識様式が揺さぶられつくり変えられた。インターネットの内部から生まれた世代の記憶、注意、意図、想像力といったものが根本的に変更され、世代間のやりとりが混乱して不通になり、不活性化することになった。

デジタル空間は認識の変化を生みだし、接続から連結へと様式変化した。われわれはこの新たな条件を〝新人類的〟と呼ぶことができるだろう。

記号の意味がコンテクストのなかで起きる意味作用に根差している言語を、私は〝接続的〟言語と呼ぶ。意味作用の規則が意味作用に先だって存在しない——たとえ言表行為のなかで統語論的規則が働いていていても——言語様式である。

〝接続《コンジャンクティブ》〟はいかなる既成のモデルにも対応せず、また既成の構造と和合しない不規則的な身体の連鎖である。接続的身体はあらかじめフォーマットされない。それは言語的やりとりが起きる次元を選択し、そのやりとりのレベルを偶然にまかせて規定し、コンテクストのなかにおける言表行為の意味指示的プロセスの外部にある統語論的秩序を守らないで、そのやりとりを移動させたり壊したりすることができる。

それに対して〝連結《コネクティブ》〟は、意識的身体が偶然的パターンに従って合流する次元から、身体がコードや交換のデジタル的フォーマットに順応する次元へ意味作用のプロセスを移動させる。

そうすると、意味の交換がオートメーション化されたデジタル的意味作用の進行への従属を前提にするため、接続的実践は実際的な有効性を喪失する。

かくして連結的有機体（新人類）の行動は、政治を遂行するツールによって理解されたり統治されたりしないし、また過去のヒューマニズムや批判活動の時代から受け継いだ道徳的カテゴリーによって裁かれることもない。そうしたカテゴリーは予め連結的な認識パターンにリンクされているからである。

新人類は洗練された相互作用を行なうとともに、それ以前の世代がストックした量をはるかに上回る情報量を処理することができる。しかしその統合と構成は共感的意識とは両立しない線に従って行なわれる。

連結的状況のなかにおける新人類同士（身体的には異なる有機体だが認識レベルでは相互に結びついている）の相互作用は、オートメーション化されていく傾向を持つ。かくして連結的新人類はますます群れ的行動を通して統合されていくことになる。

個人的認識活動は超越的なメタ機械とますます連結の度合いを深めていく。おのおのの個人は自らの状況をはっきり意識している（かもしれない）が、彼らはもはやそれを統治することも変えることもできない。相互作用はもはや倫理的あるいは政治的な意志に依存するのではなく、自動装置《オートマトン》の規則に依存するからである。

現代の若い不安定労働者は、自分が経験しているみじめな状態、自分が被っている搾取、自分が陥っている孤独を強く意識している。しかし彼らのコミュニケーションはデジタル的な連結に基づいていて、他者の肉体という身体的存在に基づくコミュニケーションはますます減少している。彼らはもはや自分自身の言葉を話すのではなく、逆に言葉によって話されているのである。

OED(オックスフォード英語辞典)の二〇一五年の〝今年を代表する語〟は、〝喜びの涙顔〟を現わす絵文字(😂)であった。機械によって規格化された絵文字が人間の連結の主たる合図になったということだ。われわれはますます自分自身を表現する必要がなくなっている。デジタル顔文字《エモティコン》の行列がわれわれの感覚を表現し、デジタル的生物測定学の前進が感情的認識への道を切り開いているのである。

自己認識についてはどうなのだろうか? 感情の生成変化についてはどうなのだろうか? 不能《インポテンツ》の感覚、精神的苦悩、倫理的病といったものは、どのように再吸収され、癒されるのか、あるいは少なくとも麻痺させられるのか?

私は〝自動装置《オートマトン》〟という言葉で単なる機械ではなくて、超-個人的《スーパー・インディヴィデュアル》・生-情報《バイオ・インフォーマティック》的な有機体を意味している。それは個人の感覚的特異性を貫通するが、感覚的特異性によって貫通されることのない有機体である。生-情報的超有機体はデジタル機械に従順な規則に従うことによって意味を生産する。そしてそれは記号的な連結世界の内部においてのみ有効に作動する。

自動装置《オートマトン》は、差異化の有効的戦略を積極的に追求することができておのれの環境を変えることができる――これが言語的コミュニケーションの領域における政治の意味である――感覚的・意識的な個人的有機体に取って代わる。

金融的作動主体はおのれの戦略が自動装置《オートマトン》の戦略に見合ったものであるときだけ有効に機能する。接続的言表行為は連結的装置のなかでは有効であることはできない。なぜなら、それは連結的機械の技術的構成にアクセスするコードを持っていないからである。生‐情報的超有機体は人間の言語を読み取り、それを雑音《ノイズ》として除去する。

連結的論理と両立する言表行為だけが機能することができ、現実的効果を発揮することができる。そうであるがゆえに、政治的意志わけても民主主義的な決定プロセスは金融権力に対抗することができないのである。社会生活と金融システムの関係はオートメーション化され、技術的・内部操作的な統治ネットワークのなかに組み込まれているのだ。

自動装置《オートマトン》に反逆する社会的身体は不能か自殺かの二者択一を余儀なくされる。接続的身体は連結的統治に取って代わられ、不能状態に追い込まれる。この四十年ほどで自殺率が跳ね上がった（WHOによると六〇パーセント）ことは驚くにあたらない。テロリストの自殺が広がっていることも同様に驚くにあたらない。

大衆の融解

ウィルヘルム・ライヒは『ファシズムの大衆心理』のなかで、理解困難な問題は人々がなぜストライキをし反抗するかではなくて、その逆、つまりなぜそうしないかである、と書いている。人々はなぜいつもストライキをしないのか？　人々はなぜ抑圧に抗して立ち上がらないのか？　これが問題なのである。

共産主義の希望が生まれて失墜したあとの、このわれわれの時代ににおいて、われわれはこの問題に対する多くの答えを提出することができる。

人々はすすんで反逆することができないが、それは彼らが自立と連帯への道を見いだすことができないからである。そしてなぜ見いだすことができないかといえば、現在の労働の組織化の主たる特徴である不安定性、不安感、競争のゆえである。労働の脱領土化の効果、テクノロジーによる社会的身体の断片化の効果が、有効な連帯のネットワークの創出ができない状態にし、突発的でランダムな怒りの爆発によってしか打ち破ることができない孤独の広がりをもたらしている。これが先の問題に対するひとつの答えである。

第二の答えは、力の身体的（物理的）アイデンティティの崩壊である。力はどこにも存在しないがどこにでも存在するものでもある。それは制御と呼ばれる技術－言語的自動化のなかに内化され組み込まれている。最近高まりを見せた反逆の波が、金融支配に対する闘いを一点に集中することができないことを証明した。なぜなら身体的（物理的）中心が存在しないからである。

労働者における領土的近さの終焉や不安定な競争感覚の広がりを包含した労働の不安定化は、

ジャン・ボードリヤールがすでに一九七〇年代半ばから予言した社会的連帯の崩壊を引き起こした。

こうした工業文明からデジタル文明への移行の年月に、概念の領域においても知識の学問的組織化においても、ある変化が起きた。この学問的切り替えは、社会の新自由主義的再編の年月に、そのデジタル・テクノロジーとの明らかな交差のなかで起きた変化を反映している。

一九八〇年代から、アカデミックな大衆心理学の領域は、一連の専門領域に取って代わられた。すなわち、社会学、心理学、サイバネティクス科学、カルチュラル・スタディーズ、メディア理論、等々である。私はこの消滅と置換のアカデミックな動機や影響を調査しようとは思わない。私はただ、同質的身体を持った社会的存在としての大衆が近代の舞台から実質的に姿を消したことに焦点をあてたいだけである。

大衆はいまや影が薄くなり、ほとんど消えかけている。ネットワーク化されたコミュニケーションのためのポスト・マスメディア・テクノロジーの出現は群衆を一掃し、それを連結的原子の広がりに変え、労働の不安定化は労働者の肉体的近接性を分解している。社会不安定性は、誰かと誰かが二度と同じ場所で会い続けないように個人の置かれた位置を絶えず変え続けている。身体的近接性のない協同が、拡散的生産性と結びつきながら存在的孤独を生み出している。

労働者はもはや自らを生きたコミュニティーの一員として認識していない。彼らは孤独のなかで競うことを強いられている。彼らは同じ資本実体によって同じ仕方で搾取されているにもかかわらず、もはや社会階級の体《てい》をなしていない。なぜなら、彼らの置かれた物質的条件においては、彼らはもはや集合的な自己意識や、同じ場所で同じ運命を共有している人々のコミュニティーの自然発生的連帯感を生み出すことができないからである。彼らはもはや集合体としての〝大衆〟ではない。なぜなら、彼らが地下鉄や高速道路あるいは同じような移動のための場所でたまたま一緒になることがあっても、それはランダムであり一時的なものだからである。

大衆心理学は溶解しているが、それは大衆自体が溶解しているからである。少なくとも社会的精神を持った自己意識は溶解している。〝大衆〟という概念は曖昧であり、定義が難しいが、それはボードリヤールが一九七〇年代の末に刊行された本で書いているとおりである(4)(『沈黙する多数者《サイレント・マジョリティー》の陰で——社会的なものの終焉』〔原著一九七八年刊行、未邦訳〕)。

〝大衆〟の概念はマルクス主義的な〝社会階級〟の概念から分岐し、インターネットを共有する人々の集合体、その行動や意識へと変化した。労働者階級の存在は、想像力や意識性が共有されているという存在論的な真理ではない。それはいまや世界的な神話に属する。現在ならびに未来にわたっての物語である。この物語は工業生産の社会的条件とともに、そして工場における大規模な労働者の集合体の終焉とともに、姿を消したのである。この三十年ほどで、階級的な自己意識のための文化的条件が、資本主義のポスト工業的変化によって無効化された。

社会の大衆的次元の崩壊は、不安定化の時代におけ労働者の徹底的な個人主義的競争態勢と結びついている。ボードリヤールは言う。「すべてはシミュレーション装置とともに変化する。

中心の崩壊もモデルの軌道的循環も（これはものの内破過程の母型でもある）」。彼は続けてこう言う。

大衆は刺激やメッセージやテクストによって爆撃されて、単なる不透明で不可視の層になっている。それは光のスペクトルの分析——放射性スペクトルの分析は統計調査と同じである——を通してしか知ることができない星の気体のかたまりのようなものだ。しかし正確に言うなら、それはもはや表現や表象の問題ではない。それはなによりも決して言い表せない／言い表されたことがない社会的なもののシミュレーションの問題なのである。(5)

ガタリが情報のテクノロジー的リゾームを解放のためのツールと見なして引きつけられていたのに対し、ボードリヤールはネットワークのダークサイドへの危惧を表明していた。すなわち、社会的エネルギーの消失、主体性の内破、精神活動のシミュレーション論理への従属。

ガタリはネットワーク概念に関心を抱いていた。なぜなら彼はそのなかに、社会的行為者の自己組織化のプロセスとメディア・アクティビズム運動の条件を見たからである。しかしボードリヤールはそこに、新たなポスト社会的力がもたらすものを予見していた。それは新自由主義の傘の下から出現する力であり、旧来の序列的ピラミッドの形ではなくネットワークの形をとる力である。

社会的自律と新自由主義的規制撤廃は同時的プロセスであり、互いに広がって重なり合う。リゾームという概念は、仕事の不安定化と社会的連帯の崩壊の道を準備した資本主義的規制撤廃のプロセスと序列的規律社会の破裂を言い換えた概念である。

サッチャーとボードリヤール

ボードリヤールはマーガレット・サッチャーがトーリー党〔現在の保守党〕を支配した時期と同じ時期に『沈黙する多数者《サイレント・マジョリティー》の陰で』を書いた。サッチャーは当時、一九七九年の総選挙での勝利を準備した凱旋的気運を背景に、われわれがやがて新自由主義的改革として知ることになるプロジェクトを推進していた。サッチャーは、ボードリヤールの言葉に共鳴するかのように、一九七七年のインタビューのなかで、次のように言っている。

この三十年の政治の全体的方向のなかで私をいらつかせるのは、その方向がつねに集合的社会に向かっているということです。人々は個人的安全を忘れてしまいました。そのうえで彼らは、私は勘定に入っているの？　私は重視されているの？　と言うのです。それに対してはイエスと簡略に答えておきます。ですから、私は経済政策をやろうとしているわけではありません。そうではなくて、私はアプローチを変える方向に向かおうと思うのです。経済を変えることはアプローチを変える手段です。アプローチを変えれば、国民の心と魂がついてくるのです。経済はその方法です。目的は心と魂を変えることです(6)。

サッチャー革命の最終ゴールは経済ではなくて政治であり、精神的と言ってもいいような倫理的なものであった、ということだ。新自由主義的改革は、社会そのものを破壊するに至るほど競争を社会生活の魂のなかに組み込むように企図されていたのだ。この文化的企図は、ミシェル・フーコーが『生政治の誕生』と題して刊行した彼の一九七九〜八〇年のセミナーのなかで明瞭に描かれている。すなわち、個人の活動の企業精神への従属、人間活動全体を経済的収益性に則って記録すること、競争を日常生活の神経的回路に挿入すること、これらがフーコーが予見し描いたことである。

経済的利潤だけでなく、さらにすすんで個人を経済戦士として称揚すること、人間の根元的孤独を冷たく見つめること、進化を遂げる生きた有機体のあいだで戦争だけが唯一可能な関係であるというシニカルな容認、これらが新自由主義的改革の最終的到達点なのである。

マーガレット・サッチャーはこう言った。「社会などといったものは存在しません。個人としての男と女がいて、家族が存在するだけです。どんな政府も人々を通してしか何もすることができません。そして人々はまず第一に自分たち自身に頼らなければならないのです(7)」。この考えは興味深いものだが、誤っていないわけではない。社会は最後の最後になっても消滅しないからだ。社交は溶解するかもしれないが、社会は溶解しない。この三十年間で、社会は希望なき義務と相互依存からなる一種のブラインド・システムに変化した。共感が無効になり連帯が禁じられた共同牢獄のような社会である。

社会空間は世界規模の自動的連結システムに変容し、そのなかで諸個人は接続経験ではなく、機能的連結しかすることができなくなった。協同のプロセスは止まっていないが、それはフラクタル化した情報の抽象的再結合のプロセスに変化した。そしてこれを判読し経済的価値に転換することができるのはコードだけである。相互作用は完全には無効化されていないが、共感は競争に取って代わられた。社会生活はかつて以上に猛烈な勢いで進んでいる。生きた意識的有機体は無意識的・数学的機能に浸透され死に体になっている。

未来はアメリカにあるか？

この新世紀の始まりにおけるもっとも重要な理論的著作、アントニオ・ネグリとマイケル・ハートの『帝国』(8)は、インターネットのグローバル秩序と世界秩序とのあいだの根元的な相同性を前提としている。

しかしこの前提は誤っている。生活世界はデジタル・ネットワークによって捕捉されているが、同時にそのネットワークの限界を超えて拡大していくからである。

この本のなかでネグリとハートは、個人に依拠する国民国家を基軸にした〝近代的〟現象としての帝国主義から、〝帝国〟と称される超国家的あるいはポスト国家的な支配力のなかからつくられたポストモダン的(ポスト近代的)な構造の出現への移行を概説している。

今世紀の最初の十五年の歴史はこの理論を完全に裏切るものである。ナショナリズムと数え切れないくらいの中心から外れた紛争の残存物が、ネットワーク化されたグローバリゼーションの帝国的秩序の周縁で腐臭を発している。そして地球という物理的身体の衰弱は帝国的企てからはみだしてこれを挫き、帝国という概念は単なるユートピアであることを証明している。この私の考察はこの本の重要性を過小評価しようとするものではない。そうではなくて、オートメーションとテロルのあいだの矛盾した相補的関係に基づいたポストモダン的な世界生成についての新たな理解に道を開こうとするものである。

『帝国』の暗黙の前提とは逆に、アメリカ合衆国はもはやグローバルな地政学的支配者ではない。分散的なグローバル内戦は超大国によって軍事的にコントロールすることはできない。バラク・オバマは、アメリカのユーラシアへの介入は〝なにか愚かなことを行なっている〟ということを明瞭に理解し説明した。ブッシュの十年のあと、アメリカの地政学的敗北は明々白々となり、ドナルド・トランプの爆弾的レトリックがこれを裏づけている。〝アメリカを再び偉大な国にしよう〟というスローガンは帝国的機能の断念、根元的に孤立主義的な選択を含意しているのだ。

〝アメリカ第一主義〟は帝国からの退却宣言である。

しかしアメリカは単なる一国家でなければ一政治的実体でもない。アメリカはまた、なによりも、テクノロジーと文化に組み込まれた人間横断的なメタモルフォーゼの文化的プロセスでもある。

アメリカ国家の政治的力が不可逆的に衰退するのにともなって、テクノロジーの脱領土化された力がグローバルな行動、グローバルな精神、グローバルな意識を変えつつある。グローバル・シリコン・バレーのエンジニア、未来主義者、科学者、企業家などが、地球上の精神風景を不断に変えている。この次元で後退はありえないだろう。

アメリカ合衆国は、一国家としてや一軍事力としては、ソ連帝国が崩壊したあと揺るぎなく見えた支配的立場を取り戻すことは決してできないだろう。

これはアメリカが衰退し、二十一世紀はアメリカの世紀ではないということを意味するのだろうか？

われわれが〝アメリカ〟を定義しようとするなら、そして神の館を旧大陸からニューファンドランドに移そうとしたアメリカの創始者の始原的決定から出発するなら、われわれは〝アメリカ〟が単なる一領土の呼称ではなく、脱領土化の呼称であることに思い至る。

アメリカ文化へのピューリタンの痕跡は、単にヨーロッパの宗教戦争から逃れた宗教的異端のしるしではなく、過去のしがらみから未来を浄化するという企てでもあった。ピューリタニズムは、歴史と文化の染みのない空間に実態そのものから出発して新しい世界を創造しようという欲望の呼称なのだ。そしてこの宗教的空間には潜在力が孕まれていた。

そうであるがゆえにアメリカ（アメリカ合衆国ではなく）は世界の未来なのである。アメリカはデジタル的な脱‐アイデンティティという脱領土化された領域である。潜在的な再結合による脱‐アイデンティティの領域であるということだ。

アメリカ人であろうとしながら同時にアメリカ合衆国を憎むということは、世界中の多くの人々のパラドックスである。

かくして数え切れないくらい多くの人々が、自分たちがうまくいかないのは自分がアメリカによって奥深く植民地化されているからだと心の底で想像しながら、その想像に反発しようとしているのだ。アメリカの脱領土化による支配を止める唯一の方法は、世界そのものを破壊することだ。これがイスラム原理主義の政治的企図にほかならない。

認識のオートメーション化か最終的な全面的破壊戦争か？　あるいはその両方か？

ウェストファリア体制の衰退

一九九〇年代に公表されたインタビューのなかで、当時カーター政権の国家安全保障問題担当大統領補佐官でアメリカ合衆国の支配機構の傑出した知識人であったズビグニュー・ブレジンスキーは、ソ連崩壊という歴史的出来事はイスラム主義ファナティズムよりずっと重要であると述べた。

ブレジンスキーは、冷戦時代の解釈モデルを採用しながら、西洋文明の最終的な敵はソ連帝国の中央集権的な力であり、それは軍事的レベルに反映されているだけでなく、資本主義に取って代わるイデオロギーの種がそこに含まれているからだと考えた。しかしこの解釈モデルは西洋が地政学的に勝利したとき無効になった。実際、その数ヶ月後、第一次湾岸戦争が勃発し、紛争の新たな非対称的次元が開かれた。さらにユーゴスラビア戦争が噴出した。二極的シナリオは非中心的紛争の増殖というシナリオに取って代わられた。

一九八九年以降、アメリカ合衆国の政治的・軍事的ヘゲモニーは文句のつけようもないものと思われたが、二〇〇一年九月十一日がこの見方を劇的に変えた。いまや、アメリカがヘゲモニー的力を持っていると主張するのは難しい。

冷戦に勝利したあと、アメリカはブッシュ政権が戦った熱い戦争のすべてで敗北した。二代目ジョージ・ブッシュはアルカイダによる自爆攻撃のあと明らかに自殺に向かう軌道に入った。

十五年にわたる終わりなきテロル戦争の結果を見たら、ディック・チェイニーとジョージ・ブッシュの戦略的目的はアメリカの偉大さを破壊することであったと考えざるをえなくなる。しかしながらわれわれは、歴史的過程を説明しようとするとき、無知、尊大、短見といったものを過小評価してはならない。無知、尊大、短見はブッシュ政権をビンラディンの仕掛けた罠に導いた。アメリカの支配階級の驚くべき愚かさは、自己廃棄という相手側のとてつもない戦略に帰結した。アルカイダはその巨大な潜在力をおのれ自身に向けて働くように仕向けた。これがアメリカ合衆国のヘゲモニーを破壊する唯一の方法だと考えたのである。それから十年後、オサマ・ビンラディンは、オバマ政権の政治的不能《インポテンツ》を墓の向こうから眺めながら、当然にもミッション完了と言うことができる。

ブッシュ政権によって発動された終わりなき戦争は、アメリカ合衆国の巨大な軍事力を矛盾した方向に導くことになった。すなわち、アメリカはスンニ派とシーア派の戦争に介入することによって、不倶戴天の敵同士の一方を強化することになったのである。イランの神権政治体制は戦闘に加わることがないままイラク戦争の勝利者になり、バグダードのコントロールを手に入れた。アメリカがアサドに対する反乱の武装化に手を貸したとき、アメリカはジハディストがカリフ制の基盤をつくるのを助けた。これら以外にも同様の事例は少なからずある。

ものごとを地政学的な観点から見るなら、われわれはアメリカ合衆国はおのれの国家的力量を自ら破壊していると結論することができるだろう。

しかしながら、アメリカは一国民国家以上のものを意味する。北アメリカ国家の創設の特質とテクノロジー的イノベーションの文化的起源のおかげで、アメリカは本質的にポスト領土的な力のモデルが根付いた人類学的次元を担っている。

アメリカの文化空間（アメリカ合衆国の領土のことを意味しているのではない）のなかにおける審美的・認識的な変容創出装置《トランスフォーマー》が、世界の変容の中心的な作動主体になっている。

そうであるがゆえに、アメリカ合衆国の力の戦略的減退にもかかわらず、未来はアメリカにあるだろう、ということになるのだ。

アメリカの文化空間を具現化した記号集合体はポスト地球的歴史の作動主体であり、地球は物理的衰退を運命付けられているように見える。記号生産のグローバルな集合体は地球を超えた未来の精神風景を形状化しつつある。

地政学的な解釈によると、アメリカ合衆国は衰退に向かっているように見えるが、いま述べたような深い変容のプロセスを十分に説明するには、地政学的な指標ではまったく不十分なのである。

ウェストファリア条約によって確立された国家主権の原理は溶解しつつある。ウェストファリア条約からウィーン会議そしてヴェルサイユ条約へと、近代世界の政治的進化は、情報の流れを管理し、通貨を発行し、軍隊で領土をコントロールするための国民国家の安定ならびに法的実体の確立に基づいていた。いまポスト・ウェストファリアの力が浮上しつつある。カリフ制がイスラム主義の自殺的軌道を牽引するものとして態勢を整えようとしている。ロシアは反ヨーロッパナショナリズム戦線を牽引しようとしている。

一九七七年、シモン・ノラとアラン・マンク（エンジニアと社会学者）は当時のフランス大統領ヴァレリー・ジスカールデスタンへの報告書のなかで、未来における国家主権の衰退を素描した。彼らの見通しでは、この衰退は情報の流れ、とりわけ金融の流れの統制力の喪失に根差している。「情報社会化」と題された彼らの報告書のなかで、テレマティーク（電話と情報テクノロジーの連結）がポスト国家的未来への鍵をにぎるものとして示されている。

これが出版されたあと、通貨の流れの脱領土化が金融領域における国民国家の権威の喪失を引き起こし、大企業が国民国家が有している以上の資本を取り扱うようになる。

さらに、労働市場のグローバル化が、もはや国民国家の法制度の下にはない多くの人々の動員と移動を引き起こした。そしてついには、国民国家の領土の軍事的コントロールが国民国家の特権とはいえない状況になってきた。私的軍事機関が地球上の広い地域をコントロールし、アルカイダ、イスラム国、国際麻薬マフィアなどが大きな軍事力を持ち、住民の日常生活を破壊する力を持っている。

国民国家の地政学的モデルではもはや日常生活の営みを説明することができない。新たな解釈モデルが必要とされていて、それはデジタルテクノロジーによる変化に基づくものであるにちがいない。

国民国家は一見力を持ち、領土をコントロールしているように見える。しかしわれわれの時代の本当の行為者《アクター》はデジタル的抽象化であり、金融的自動化であり、認識活動のオートメーション化のプロセスなのである。

金融市場のグローバル化とオンライン経済は、社会的頭脳を包摂しながら、力を国民国家から統治的代理機関に移動させる。脱領土化された力の空間が、力を失った領土的代理機関に取って代わり、後者はあちらこちらの断片的戦争のなかに沈むことになる。

国民国家はますます社会コントロールの主体としての力を失う。社会コントロールはますます生－技術的《バイオ・テクニカル》領域のなかに組み込まれる。政治も軍事力も生活形態の増大し続ける複雑性を操ることはできず、社会的知識や生産性はネットワーク化された世界に広がり続ける。かくしてコントロールは身体そのものや身体間の関係に移動することになる。そうであるがゆえに、私は生－権力について語るのである。

諸個人間の関係は自動的接続装置につながれ従属する。したがって、政治的力は技術－言語的自動化システムに取って代わられ、これがすべての生活空間、認識、生産といったもののオートメーション化の方向に向かう。

マルクスは形態的支配と実質的支配を区別した。形態的包摂は、個人をして絶対的剰余価値抽出の始原的条件のなかで搾取を受容するように仕向ける野蛮な力である。生産性の増大と相対的剰余価値の抽出を可能にする工業機械の発達のおかげで、システムは実質的包摂の態勢に入る。指揮は機械のなかに組み込まれ、従属行為はオートメーション化される。

われわれが工業機械から情報機械へ移行すると、生産行為の統制はもはや機械的オートメーションに依存するのではなく、言語と認識のなかに組み込まれる。ここにいたって、われわれは、精神的包摂を含意する超‐実質的包摂、精神の捕獲と再フォーマット化について語らねばならなくなる。

蟻の神経学と人間の進化

ケヴィン・ケリーはこう書いている。「ネットは複合的集合性のエンブレムである。そこから群れ的存在――分配された存在――が生じ、ネット全体に自己が拡散するが、どの一員も〝私は私である〟とは言うことができない……それは〝コンピューター〟と〝自然〟の両方の力を運ぶものであり、次から次へと理解以前の力を運ぶものである(9)」。

ケリーはここで、ほとんど神秘的表現で、意識的な政治的コントロールが、超有機体のなかへ埋め込まれた個人的有機体の追従のルールに置き換えられたという哲学的ヴィジョンを素描している。

ネットの広がりが狂った世界に浸透したため、われわれはまずそこから何が出現するかを垣間見る。これは生きた機械であり、新しい生物の文明を展開する機械である。グローバルマインドがネットワーク文化から出現するという感覚がある。グローバルマインドはコンピューターと自然の結合であり、電話と人間精神などの結合である。それはそれ自体の不可視の手によって統治される、不確定の形状をしたきわめて大きな複合体である。われわれ人間はグローバルマインドが何を考えているかを意識できないだろう。それはわれわれが十分に賢くないからではなくて、マインドの設計自体が、部分が全体を理解できないようになっているからである。グローバルマインドの特殊な思考——そしてそれに次ぐ行動——はコントロールできずわれわれの理解を超えているのだ(10)。

ケリーは現在の変化を新しい生物の文明の出現として見る。二重の生成変化のプロセスのなかで、身体はネットにつながれコミュニケーションを行なう電子装置の挿入によってオートメーション化されている。他方、機械は生物論理的複雑性のネットワークに組み込まれる。自動装置《オートマトン》とサイボーグがこのプロセスの二つの異なった現れ方である。自動装置《オートマトン》は知的身体として作動する機械であり、サイボーグは電子装置を組み込んだ人間身体である。

ケリーの見るところでは、ネットの創造はグローバルに連結した精神と一体化する。後者は諸個人を群れと合体するように導く不可視の手の役目を果たす。「蜜蜂の巣箱は蜂よりも多くのものを持っている。蜜蜂の脳には六日間の記憶が蓄積される。巣箱全体には三カ月の記憶が蓄積される。これは蜜蜂の平均寿命の二倍である(11)」。

一九七〇年代、世界資本主義の戦略が規制撤廃と福祉国家の解体の方向へ向かっていたとき、社会生物学という考えがイデオロギー論争のなかに入ってきた。自然淘汰というダーウィン的考えが文化的・経済的領域に移し変えられたものだが、そこでは生物学的自己調整が社会進化のパラダイムとして用いられた。

エドワード・ウィルソンはこの種の社会ダーウィニズムの傑出した理論家であり、彼はその社会生物学的考えを『超個体《スーパーオーガニズム》』〔未邦訳〕をはじめとする一連の昆虫の社会史についての本のなかで展開した。

働き蜂の脳のなかには社会秩序という青写真はいっさいない。そのようなマスタープランを持っている監督者も頭脳階級も存在しない。集団生活は自己組織化の産物なのである。超個体はそれを構成する諸個体のそれぞれ別個にプログラム化された答えのなかに存在する。諸個体が従う集団の指示はアルゴリズムの手順に従って行なわれ、これが階級をつくる。全員一緒にアルゴリズムにしたがって行動し、このアルゴリズムがそのときどきの行動に責任を負う。階級の発展と行動のアルゴリズムは超個体の構築の第一歩である。構築の第二段階はアルゴリズムそのものの遺伝子的進化である。理論的には、すべてのアルゴリズムの可能性のなかから天文学的な数の社会パターンが生まれる可能性があるが、実際には無限に小さい部分だけが進化した。現実に起きたこのアルゴリズムの進化は、どれもがそれぞれの仕方で現存する種を尊重するもので、自然淘汰的に勝者となったものである。彼らはそれぞれの種の進化の歴史を通して環境によって課されたプレッシャーへの応答として出現した選り抜きのグループとして世界中に存在している。(12)

ところでハキリアリ（南北中央アメリカ大陸の熱帯地域に住んでいて、いくつかの種類がある）について、ウィルソンは次のように書いている。

ハキリアリの群れは単一の目的を持った複合的な有機的構造として理解することができる。その目的とは、すなわち植物をより多くのハキリアリの群れに供給すること。それは死滅する前に自分たちの複製をできるだけたくさんつくっておくことが自然選択となっている文明である。ハキリアリは動物界でもっとも複雑なコミュニケーション・システム、もっとも精巧な階級システム、エアコン装置を備えた巣の構造などを有していて、それゆえ、その数からしても地球上の最終的な超個体として認められるに値する……もし百万年前、人間が発生する以前に、地球以外の星から地球を訪れた者がいたら、彼らはハキリアリの群れがこの惑星が生み出すことができるもっとも進んだ社会であると結論しただろう。(13)

蟻、蜂、ジガバチ、シロアリは、われわれが知っているなかでもっとも社会的に進んだ人間以外の個体である。彼らの群れはエコシステムに影響を与えるほどの生物量で、少なくとも五千万年のあいだその生息地のもっとも重要な要素であった。社会的昆虫種はそれ以上前から存在していたが、かなり希な存在である。とくに蟻のなかのいくつかの種は今日も生存しているものと似通っている。彼らがうっかり彼らの巣を踏みつけた大トカゲなどを刺したり酸を吹きかけたりしたことを想像すると楽しい。近代の昆虫社会は今日われわれに実に多くのことを教えてくれる。彼らはどうやったら複雑なメッセージをフェロモンを用いて〝話す〟ことができるかを教えてくれる。また多くの事例を通して、たとえば労働の分担が労働グループの最高度の効率を達成するためにいかに柔軟な行動プログラムによって構築されるかを説明してくれる。彼らの社会における行動する個体のネットワークは、コンピューターの新たな意匠を暗示するとともに、脳の神経が精神の創造とどのように相互作用を行なうかについて新たな光を投げかけてくれる。(14)

合図を見つけ解釈する能力、コミュニケーションし群れの必要に見合った仕事を実行する能力は、蟻の神経のなかに組み込まれた自動化装置によって行なわれる社会生活の一例である。超個体はこの小さくて短命な精神の働きのどのような結びつきから生まれるのだろうか？

ハキリアリの高度に組織化された協同的な食料徴発は、情報伝達と社会的コミュニケーションに依存している……いくつかの行動研究によって、ハキリアリにおける臭いに導かれた行動と驚くべき嗅覚が明らかになった。……知覚神経が臭気分子についての情報を脳の一部である触覚に伝える……そこで知覚神経が伝達神経と結合する。(15)

マルクスは(『経済学批判要綱』への序説のなかで)、人間の解剖はサルの解剖の進化を理解するための鍵であると言っている。してみるとわれわれは、蟻や蜂の神経学は人間の進化を理解するための鍵であると言うことができるだろう。認識の自動化装置の挿入、人間の脳の生物発生的・精神薬理学的プログラミングは、人類空間を超個体もどきの群れに変えつつあるのだ。

一九七〇年代に自ら生物社会学と名乗る研究の流れが哲学シーンに現れた。それは人間の自然的進化を含んだ進化の全体的論理を説明すると自称した。それは説明としては誤っていて、自然淘汰を人間社会の所与の出来事と想定していた。しかしながら社会生物学自体はひとつのプロジェクト、ひとつの政治的戦略であり、その意味においてわれわれはそれは成功したと認めなくてはならないだろう。

実際、今日、政治的関心はそれぞれ異なった場所における断片的なグローバル内戦に引きつけられているが、他方で、生‐情報的超個体が生の加工技術《バイオエンジニアリング》と認識のオートメーション化の合流点として出現しつつある。これは社会的頭脳の精神‐文化的構成のなかに自然淘汰を刻印する社会的エンジニアリングの実行装置である。

しかし社会－生物学的ヴィジョンを実行するプロセスは、紛争や苦悩、裂傷などなしにはすまされない。

後期近代は自己《セルフ》の世紀として説明されてきた。(16) 現在起きている群れへの移行のなかで、自己認識に何が起きているだろうか？

自己をつくり変えることは精神病的行動の伝染にリンクしているし、群れの持続的生成に伴う精神薬理学の流行とも結びついている。これはわれわれの時代における精神分析的・神経学的な思考領域の中心的課題につながる。

破裂する自己

二〇一五年四月十九日の『ニューヨーク・タイムズ』にドラッグに関する二つの記事が載った。

ひとつはアラン・シュワルツによる「生産性を薬に求める労働者はADHD〔注意欠如・多動性障害〕の治療に使われるドラッグを乱用している」と題された記事で、アメリカの職業人たちのあいだでアデロールが広まっていることを伝えるものだった。アデロールは脳と神経に影響を及ぼす二つの中心的な神経システム刺激剤、アンフェタミンと硫酸デキストロアンフェタミンを組み合わせたもので、過剰行動と欲求のコントロールに貢献するものである。

この数十年、多くのアメリカの子どもたちがADHDであると診断され、リタリンを使って治療された。現在それが注意力を必要とする労働に携わる若い認知労働者《コグニタリアート》の問題となっている。彼らはアデロールを服用するが、それは彼らが競争に勝つために精神的機能を加速化する必要があるからである。アラン・シュワルツは彼らにインタビューして、たとえばこう記している。「ロングアイランド出身で二十代後半のエリザベスは、アデロールを摂取しないと、棒切れでテニスをしているように感じるのよ、と言った」。

この記事が載ったのと同じ日、同じ新聞に「あなたのヘロイン需要にすべて応えます」と題されたサム・クインオーンズの記事がオプエド・ページ〔社説に対して外部の人物が執筆する論説ページ〕に載った。この記事はまず〝アメリカにおけるヘロインの致死的な過剰摂取がこの三年間にほとんど三倍になった〟という指摘から始まり、アメリカの各都市においてヘロインの配達が日常的になっていることを描いている。クインオーンズによるとそれは〝ピザのデリバリーシステム〟のようになっている。

二〇一五年十一月十日、『ニューヨーク・タイムズ』は、キャサリン・エリソンによる「ADHDが地球全体に広がり共感力が衰える」と題された警告的記事を掲載した。これは世界的規模で注意力欠如障害が広がっていることをテーマにしたものである。

ＡＤＨＤという診断がグローバルに広がる一方、この障害の一般的理解はすすんでいない。診断の有効性ならびに治療のために使われるドラッグの有効性についての議論――アメリカ世論は長年二分されてきた――は、いまや北東ヨーロッパから中東や南米に達している。

多くの国からもたらされたデータによると、事態は急速に変化している。ドイツでは、一九八九年から二〇〇一年にかけて、ＡＤＨＤと診断された者の数は三八一パーセント上昇した。イギリスでは、ＡＤＨＤの治療のため処方された者は五年間で五〇パーセント以上増え、二〇〇七年には四十二万人だったのが、二〇一二年には六十五万七千人にのぼった。イスラエルでも、ＡＤＨＤ治療薬の消費量は二〇〇五年から二〇一二年にかけて二倍になった。

治療薬の使用の急騰は、百十億ドルにのぼるＡＤＨＤドラッグの国際市場で、利益を追求する薬剤会社が診断をグローバルに操作しているのではないかという疑いを引き起こしている。リタリンについていうと、アメリカ合衆国以外の国々では、二〇〇七年には世界使用量のなかのたった一七パーセントにすぎなかったのが、二〇一二年には三四パーセントに増えている。

私見によると、ひとつの対象に集中する能力や言表行為の一貫した流れをつくりだす能力に影響を及ぼすこの種の病気は、自己の外部化を特徴とする心理的変動過程のしるしと見なすことができる。情報刺激の流れの細分化と加速化、情報空間のリズムについていく能力と結びついたマルチタスク競争によるプレッシャーは、中央にある自己の破裂や一種の注意力の精神病的脱領土化を引き起こす。

情報の流れの増大強化は合図やしるしを見つけ出し解釈する認知的能力に障害を引き起こすが、それだけでなく同時にわれわれを精神機能の集合的オートメーション化の方向に押しやる。自己は外的世界からプレッシャーを受けるとともに、心の中の環境世界によって複製される。情報刺激を解釈するための行為が速ければ速いほど、解釈の過程は共有され同質化される。かくして集合的変化は、外的世界からと他者の精神との相互作用からの双方においてすすんでいくことになる。

第五章　死の資本主義

グローバル内戦?

前世紀の政治理論は世界の進化を説明するために大まかに言って二つの解釈モデルに頼っていた。ひとつは、ゲーム理論で言うと領土的プレイヤーに基づいた地政学的モデルである。つまり国民国家、軍事同盟、民族性・宗教・国籍によって限定された地理学的空間、といったものである。もうひとつは、紛争は経済的利害によって引き起こされ、その行為者は社会の組織化を追求する社会階級や政治党派であるという仮説に基づいた社会－イデオロギー的モデルである。前世紀の歴史的過程はこの二つのモデルの相互作用として説明することができ、行動戦略もこの土俵の上で構想することができたので、こうしたモデルは機能することができた。

マルクスに従って階級闘争は国家プロジェクトではありえないとしても、ロシア革命はソ連邦という新しい国家をつくるために世界中の労働者の運動と結びついていた。この革命に続く七年間、階級闘争は地政学と分かちがたくリンクした。西側の資本主義とソ連の社会主義は二つの軍事ブロックを形成し恒常的な紛争状態に入った。そしてすべての社会闘争は歴史上最初の社会主義国家の地政学的運命に従属することになった。この権威主義的国家の牽引力は一九八九〜九一年の最終的崩壊に至るまで続いた。

一九一七年のレーニン主義的決定とその後の階級闘争の軍事化は、それが社会的ダイナミズムと労働者の自律的運動を帝国的権威主義国家の運命に従属させるものであったために、共産主義と国際主義の敗北の始まりを画するものとして理解することができる。

最終的にソ連帝国が砕け散ったとき、その解体は共産主義のプロジェクトと世界的規模の労働者運動の事実上の崩壊に帰結し、新自由主義の攻勢に道を開くことになった。

ロシアならびにその他のソ連帝国の旧領土における共産主義体制の〝ノメンクラトゥーラ〟自身が、社会サービスと生産構造の私企業化を準備する方向に転じた。

ソ連帝国の終焉のあとも、階級闘争は完全に放棄されたわけではない。それは人々の日常生活、賃金と社会サービス、二百年にわたる近代的進歩を通して確立された社会的文明といったものに対抗する一方的な戦争に転化したのである。そしてこの数十年、労働者は新自由主義の銃殺隊を前にしてなすすべもなかったのだ。

社会主義の世界的敗北に続く脱連帯化の結果、社会紛争の概念に基づく解釈モデルはこっそり脇に追いやられ、地政学的モデルが歴史的進化を説明する最良のモデルとして優位に立つことになった。

現在紛争に巻き込まれた主体は社会的次元についての意識を喪失していて、民族的あるいは宗教的な所属に沿って自らを規定している。ユーゴスラビア戦争以降、国民国家は民族的・宗教的アイデンティティに沿って再起動している。この傾向はアメリカによる戦争とその結果としてのイスラム主義ジハディスムの勃興によって激化した。二〇一五年の終わり(私がこの込み入った本を書き始めたとき)、世界戦争についての話が報道機関で公然と語られるようになっている。

戦争の私企業化(民営化)

現在の状態を前世紀の紛争のような〝世界戦争〟と名付けるのは不適切であろう。

現在起きている戦争の原因は、二百年におよぶ植民地の疲弊と世界の過半を占める人々の屈辱、そして新自由主義的競争の哲学と戦争さえも含むあらゆるものの私企業化のなかにある。

戦争は日常化しつつある。証券取引所はもはや虐殺に反応しない。彼らが気にかけているのは世界経済の停滞だけである。アメリカ人は、イスラム主義者や白人至上主義者、あるいは衝動的な殺人者やプロの殺し屋による武装攻撃が起きたあと、より多くの武器を買いに走る。武器の供給は国家権力の兵器庫だけでなく普通の家庭の台所や寝室でも増加している。

二〇一五年、アメリカ共和党のラスベガス選出女性議員ミシェル・フィオーレは、クリスマスの挨拶をフェイスブックに公表した。それは、赤いシャツとジーンズを身につけた三代の家族がクリスマスツリーの前に立っているという、一見他のホリデイ・カードとなんら変わりのないものだった。しかしよく見ると、フィオーレと彼女の長女、そして彼女の夫、孫のひとりが、みんな銃を持っていたのだ。

戦争の私企業化は新自由主義的規制撤廃のもたらした明白な特徴である。これと同じパラダイムが、ハリバートン〔米軍と密接な関係のあるアメリカに本拠を置く多国籍企業〕、シナロラカルテル〔メキシコに拠点を置く国際麻薬組織〕、ブラックウォーター〔アメリカの民間軍事会社〕、そしてイスラム国を生み出した。暴力ビジネスはグローバル経済の主要な派生物のひとつであり、金融的抽象化は犯罪マネーかどうかを識別しない。

外部化と私企業化のプロセスは、いまや自己増殖する世界規模の内戦を引き起こしている。ニコラス・クリストフはこう述べている。「この四年間で、アメリカで銃によって死亡した（自殺や事故も含めて）人の数は、韓国、ヴェトナム、アフガニスタン、イラクで戦死したアメリカ人の数を合計した数よりも多い(1)」。

われわれは第三次世界大戦に向かっているのではない。宣戦布告はなくても、数え切れない戦闘地帯が増殖しているのだ。そこには前線の統一はないが、断片的でミクロな紛争と全体的戦略ヴィジョンのない不可解な同盟がある。

〝世界大戦〟という言い方は、われわれが現在陥っているまさに新奇な黙示録的形態を指すのに適切な言い方ではない。

断片は一点に収斂していかない。なぜなら戦争はどこにもかしこにも存在するからである。前アメリカ国防省長官のアッシュ・カーターは、こう述べている。「マグニチュードの大きな破壊力を小さな人間集団が手にしている」(2)。

戦争の私企業化においては、世界の地政学的秩序は想定外であり、宗教紛争の構成などは考慮に入らない。そこには始まりも終わりもない。それはジョージ・ブッシュとディック・チェイニーが二〇〇一年にビンラディンの仕掛けた罠にあえてかかったときに宣言したように終わりなき戦争なのである。ビンラディンはおそらく彼が住んでいる天国から、現在起きている死のカリフ制の出現を微笑みながら見ていることだろう。いまのところ彼はアラーの軍隊が勝利しつつあると言う権利がある。

アメリカの共和党員のなかには、現在恒常的に起きている自然発生的無差別殺人は精神疾患の産物であると言う者がいる。彼らはある意味では正しい。しかし彼らは、彼らが精神疾患のラベルを貼るものの特徴や広がりを捉え損なっている。この精神疾患は社会的にドロップアウトした者のあいだでは珍しい病気ではない。これは恐怖心、落ち込み、不安定、屈辱といったものが広くもたらした結果なのである。そしてこれはまた、現在の断片化したグローバル戦争の核心にあるものでもある。こうした心情はいたるところに広がっているが、それは植民地主義の遺産《レガシー》や日々の熱狂的な競争などに根差している。

新自由主義による規制撤廃は死の経済の世界体制を生み出した。道徳的規定や法的規制はすべてを包括する競争法則によって廃棄された。サッチャーの哲学はすでに早い時期から戦争を個人間のものと規定していた。ホッブズ、ダーウィン、ハイエクが、社会的文明の終わり、平和の終わりを概念化するために呼び出されてきた。

大規模暴力の作動主体に宗教的・イデオロギー的なラベルを貼らないようにすること。彼らの本性を見ること。シナロラ・カルテルやイスラム国をブラックウォーターやエクソン・モービルと比較すること。彼らは多くの共通点を持っている。彼らの共通のゴールは、テロル、恐怖、死という、現代経済のもっとも刺激的な産物に投資することによってお金を最大限引き出すことである。

グローバル労働構成——情報貯蔵庫の内と外

二〇一三年、ベイエリア〔カリフォルニア州のサンフランシスコ周辺地域〕のアクティビストの一グループが、毎日認知労働者《コグニタリアート》を町からマウンテンビューのグーグル本部まで運んでいる私営バスに抗議するキャンペーンを始めた。このバスはインターネット企業の労働者が動くオフィスとして使っている大きな乗物である。実際、このばかでかい車は、生活の最終的潜在化とそれを蓄積する最後のステップの主役であるという浮き浮きした気分で、一日中動き続けている。この抗議の直接的動機（私的乗物の侵入に対する公的スペースの保護）はこのさい別にして考えると、この紛争は労働の新たな地層化に光を投げかけるものであり、新たな概念用具をつくることを要請するものでもある。現代のグローバル社会の構成は、情報を貯蔵する社会領域の内部と外部とのあいだの根元的分離をを基軸にして構造化されている。

情報貯蔵庫とは金融階級と認知労働者が居住し働いているエリアである。このエリアは技術的環境あるいは都市的立地条件から説明することができる。主要な接続・再結合機能が置かれているのはここである。すなわち生産の全サイクルを支配し搾取する金融的決定の機能、そして概して不安定ではあるがある程度保護されている認知労働者——なぜなら資本の蓄積のためには絶対に必要な存在だから——の機能。

これらの機能のいずれもが内的に地層化され差異化されている。しかしその機能のすべてが居着き生産している空間は、ますますネット接続され潜在化するとともに封印されている。そしてそれはその外側の社会、工場の工業労働者が住み貧困と周辺化がすすむエリアから分離されている。

情報貯蔵庫の外側の領域は、ネットワーク化された循環の内部に場所を持たないすべての人々で構成されている。彼らはたしかに自分たちの私的な生活や活動のためにネットや技術装置を所有し使っているが、彼らの生計は物質的生産物との直接的関係に基づいて成り立っている。これは工業労働者、失業者、移民亡命者といった人々で、大都市圏では保護されない領土の居住者である。

昔からの工業ブルジョワジーもまた、自らの住む領土を区別して守ろうとしている。彼らは下層階級とは分離されているが、同じ都市空間に住んでいて、社会の全体的進歩とコミュニティーの未来の消費から利益を得ることを期待していた。

それに対して、金融資本は領土にもコミュニティーの未来にも関心がない。情報貯蔵庫の外側の空間と接触がないからだ。金融利益はヴァーチャルかつ同時的な交換の次元で実現される。金融階級は軍事的に保護された閉鎖的コミュニティーに住んでいる。彼らは軍隊によって守られた人工区域で休暇を過ごすのだが、そこでは雪は偽物、山も偽物、海も偽物、そして人間は偽の感情しか表明しない。さらに、金融資本はいかなる未来計画も立てていない。なぜなら彼らにとって、未来は〝今現在〟における潜在的価値の瞬間的価値評価、物理的領土の放射状空間の荒廃化のなかにあるからだ。

認知労働者は、実のところ、こうした状況の中間地帯に住んでいる。彼らは仕事をしているときは情報貯蔵庫の内部に住まっているが、接続スクリーンとの接触を停止しネット企業の保護されたオフィスから外に出ると、彼らもまた大都市のジャングルのなかに沈み込むのである。

ネットワーク化された領域あるいは金融領域で直接働いていない人々は、情報貯蔵庫の外側で暮らしている。労働市場のグローバル化が生産の物理的過程に大量の新たな労働者を導入したために、工業労働者の数は減っていない。しかし彼らは政治力や組合的力をほとんど喪失している。彼らは絶えず工場移転や配置換えの脅迫にさらされ、そうした決定過程に介入する可能性を持っていない。というのは、そうした決定が行なわれ実行される情報貯蔵庫にアクセスすることができないからである。

究極のビジネス

死の経済は（情報貯蔵庫に従属するにもかかわらず）情報貯蔵庫の外側で広がり続け、重要な経済として成長する。死の労働は死を生産する企業のために利益を生産する活動である。

ロベルト・サヴィアーノは『ゴモラ』という本——これはナポリにおける犯罪についての詳細な資料を活用した素晴らしい文学的成果である——のなかで、現代の死の経済の基盤を活写している。

利潤、ビジネス、資本。ほかになにもない。ダイナミズムを生み出すこの力は曖昧であり、したがって出所は曖昧——中国マフィアにちがいない——と考えられている。これがすべての中間段階、金融操作、投資など、犯罪的な経済装備一式に力を与えるすべてのものを隠しながら統合する……

始まりは価格競争である。良質の商品が四パーセントから一〇パーセント値引きされる。これは普通セールスマンが提示できないパーセンテージ、店をつくったり破産させたりするパーセンテージであり、これが新しいショッピングセンターを誕生させる。そしてそれが保障給与をもたらし、銀行ローンを取得させ、やがて価格は下がっていく。すべては迅速かつ秘密裡に運ばれ、売買に収斂される(3)。

世界中の都市周辺にいる多くの若者が、競争と消費のレースにおいてけぼりにされ、屈辱を受け、怒りをおぼえているために、犯罪活動の影響力はますます増大している。テロルと死の事業は世界中で増殖している。そのなかでも代表的な二つを挙げると、メキシコの死のビジネスとカリフ制の復活をうたうイスラム国である。

別名〝ちび《エル・チャポ》〟とも呼ばれているホアキン・グスマンは、ライバルであったガルフ・カルテルのオシエル・カルデナスが逮捕されたあと、二〇〇三年にメキシコの麻薬王になった。彼はアメリカの財務省から〝世界でもっとも力を持った麻薬売人〟と見なされている。『フォーブス』

は、二〇〇九年から二〇一一年にかけて毎年、グスマンを世界でもっとも力を持った人間のひとり——それぞれ四十一番目、六十番目、五十五番目にランク——として格付けしている。これはグスマンがメキシコでカルロス・スリム〔メキシコの実業家・慈善家〕に次いで二番目に力を持った人間であるということだ。グスマンは二〇一一年メキシコで十番目（世界で千百四十番目）の金持ち——おおよそ十億ドルの純資産を所有する——と認定された。これは驚くべきことではなく、この雑誌はエル・チャポを、資本を究極のビジネスに投資しているネオリベラル企業家であると見なしている。

ダン・ウィンスローはさらにメキシコのカルテル、とくにシナロア・カルテルについて書いているが、シナロア・カルテルは死のビジネスの歴史において圧倒的に重要な位置を占めている。

アヨツィナパの教員養成大学〔メキシコ南西部のイグアラ市にある〕の四十三人の学生が警察によって誘拐されたとき、地獄のようなメキシコの状況が二〇一四年の終わりに広く国際的に報じられたが、このケースは（他にも数え切れないほど多くのケースがある）、死のビジネスとリンクした地方の政治家と連携して行なわれた事件とされている。

イタリアのジャーナリスト、フェデリコ・マストロジョヴァンニによると、メキシコの犯罪産業を麻薬に限定するのは間違っている。というのは、犯罪行為の広がりは麻薬の製造や密売にとどまらず、身代金要求から売春、奴隷労働による搾取からシェールガスの発掘にいたるまで裾野が広がっているからだ。マストロジョヴァンニは『生きることも死ぬこともなく』（*Ni vivos ni muertos*）という著書のなかで、とくに人間を捕獲して拷問するというビジネスに焦点をあてているが、その関連でとくに麻薬ビジネスが、たとえばシェールガスのような他のビジネスの市場に入り込むことを目指して行なわれていることを示唆している。シェールガスを抽出するには、クエンカ・デ・ブルゴスのような地域に住んでいる村人を追い出さなくてはならない。マストロジョヴァンニによると、この地域ではこの目的のために大量殺人が計画され実行されてきた。

テロルの事業

メキシコの犯罪カルテルが地方の貧しい村から若い失業者をリクルートする（われわれはこれを麻薬プロレタリアと呼ぶ）一方で、イスラム・カリフ勢力は、カイロ、ロンドン、チュニス、パリなどの郊外から若者をリクルートし、彼らを訓練して人々を、無差別に誘拐したり殺したりするように仕向ける。

こうして死にかかわる労働者の軍隊は世界中に広がっていく。彼らは、暴力、拷問、殺害という特殊な仕事をして、その犯罪技術に支払われる給与と引き換えに、日々命をつなぐ若い失業者たちなのである。

イスラム国は人質の身代金と多くのスンニ派の人々への課税から得た金で、彼らに四百五十ドルの給与を払っている。イスラム国はポストモダンの中世を実現しているが、これは過去への逆行ではなくて、未来の先取りなのだ。

イスラム国の宣伝媒体ダービク（Dubiq）は他の広告と同じようなスタイルのヴィデオをリリースしている。〈この商品をお買いなさい、そうすれば幸福になりますよ〉というものだ。(4) 多様なカメラアングル、大衆向けの説明図、スローモーション再生、さらには全体にドラマチックな感じをだすために人工の風まで使っている。

アラーの軍隊に合流したら、友達や暖かい雰囲気、幸福感を得られる、という宣伝だ。ジハードは鬱的落ち込みに対する最良のセラピーなのだ。

これは精神的に虚弱な人々、悩みを持ち友情の温かさや強さと所属意識を求めている人々へのメッセージである。これは自殺への真剣な暗示を除いたら、われわれが毎日われわれの町の街路で見ている広告とそんなに違うものではない。自殺はこのヴィデオにとって決定的に重要である。ダービクによると、アメリカ軍では毎年六千五百人の兵士が自殺している。アメリカ人は怒りと絶望で死ぬのに対して、イスラムの神の軍隊は天国で待っている七十人の処女と会うために死ぬ、というわけだ。

若者たちがなぜイスラム国に魅かれるかというと、彼らは仕事を探していて、イスラム国に合流するとそれが簡単に見つかるからだ。イスラム国はバグダッドの南からファルージャの周辺に広がる地域のスンニ派の人々に高給を餌にしてドアを開いた……しかしファルージャが陥落してから事態が変わった。より多くの若者がイスラム国に加わるようになったのだ。それ以来、彼らの義務は日常的な戦闘だけになった。その代わり月給が四百ドルから五百ドルに上がったが、仕事は断続的で不安定なものになった。(5)

イスラム国はフランソワ・オランド〔パリでイスラム・テロが起きた当時のフランス大統領〕のもったいぶった演説や絨毯爆撃によって根絶することはできないだろう。というのは、イスラム国の潜在的なリクルート地域はかなり広いからだ。十年前にテレビスクリーンでアブクライブ刑務所の映像を見た多くのイスラムの若者が、いまロンドンやパリ、カイロやチュニスの周辺で貧乏暮らしをしている。彼らはイスラム国に合流して給料と引き換えに西洋人の喉を切り裂く準備ができている。これはビジネスなのだから。

現在出現しつつある仕事の構成は恐るべき仕方で変化している。暴力はもはや社会的抑圧のための周辺的《マージナル》なツールではない。そうではなくて、暴力はノーマルな生産様式であり、資本蓄積の特殊な循環装置なのである。

出口はあるか？

二〇一五年十一月十三日金曜日、パリ中心部への襲撃のあと、神経過敏になったフランスの大統領は、「安全《セキュリティー》は安定《スタビリティー》に優先する。フランスはいま戦時下にある」と宣言した。ビンラディンの夢はこのときかなえられた。ファナティックな小グループがグローバル内戦を引き起こすことができるということだ。これは止められるだろうか？

金融市場が壊れ、EUが麻痺し、約束された経済回復の見通しが立たず、長期にわたる経済的停滞が続いている現在、悪夢からの覚醒を期待するのはむずかしい。この地獄から抜け出す唯一の道は、金融資本主義を終わらせることであるが、これが実現できる見込みはいまのところない。

しかしながら、この蒙昧な時代にわれわれが追求しうる唯一の展望は以下のようなことである。認知労働者《コグニタリアート》の身体的連帯を世界的規模でつくりだすこと、そして宗教的ドグマや経済的ドグマから知識を解放するために認知労働者の協力のための技術‐詩学的基本方針を構築すること。

グローバリズムは近代的普遍主義の消滅をもたらした。資本はどこにでも自由に流れ、労働市場はグローバルに統合されるが、これが男と女の自由な循環にも世界の普遍的理性の確立にも結びつかない、という状況である。むしろ、その逆の事態が起きている。すなわち、社会の知的エネルギーが金融的抽象化のネットワークによって捕獲されたために、認知労働が抽象的な価値化の法則に従属することになったために、そして人間のコミュニケーションが肉体性を失ったデジタル的作動主体のあいだの抽象的相互作用に変質したために、社会的身体が一般知性から分離してしまったのである。抽象化の企業王国による一般知性の包摂は生きたコミュニティーから知性や理解や感情を引き剝がす。

そして脳を失った身体はそれに反応する。一方で、精神的苦悩の巨大な波が生じ、他方で、鬱状態に対する治療法として、ファナティズム、ファシズム、戦争が浮上する。そして最後には自殺願望と自殺行動が登場するのである。

ブラックアース

死の労働はグローバル経済の本質的部分であり、テロルは現在の新自由主義世界における顕在力の典型的な特徴である。もうひとつの現代的顕在力の特徴は、危険や恐れの知覚、黙示録的啓示などに基づいた一種の全体主義である。

ティモシー・スナイダーは『ブラックアース——ホロコーストの歴史と警告』〔邦訳、慶應義塾大学出版会、二〇一六年〕という本のなかで、暴力的・全体主義的な動きの高まりは黙示録的危険の接近の現代的知覚の結果として再出現しうると論じている。そのような感覚は、地球温暖化によって生じる環境破壊もあいまって、実際に大きな広がりを見せている。

地球はいま、生活と空間と時間についてのヒトラー的定義に見合うような方向に変化しつつある。地球全体の気温が今世紀に摂氏四度上昇すると見込まれているが、それは地球上の多くの場所で人間の生活を変えることになるだろう……ヒトラーは十九世紀末の帝国的気運の下で現れた最初のグローバル化の落とし子である。われわれは二十世紀後半の第二番目のグローバル化の子どもである……二十世紀の二〇年代から四〇年代にかけて多くのヨーロッパ人が経験したように、グローバル秩序が崩壊すると、ヒトラーのような単純きわまりない診断者が登場して、エコロジー的なものや超自然的なもの、あるいは陰謀的なものを持ち出すことによってグローバルなものとは何かを明確にするかに見えることがある。ノーマルな規則が壊れたように見え、期待が粉砕されると、誰か（たとえばユダヤ人）が、自然をそのしかるべき道からなんらかの仕方で逸らしているのではないかという疑念が頭をもたげてくる。気候変動のような本当に地球全体にかかわる問題には、当然グローバルな解決が求められるが、そのためのひとつの解決としてありそうなのは、グローバル化の敵を明確にすることである。

スナイダーによると、ナチズムについて話すとき、われわれは歴史と警告を区別をするように用心しなくてはならない。言い換えるなら、ドイツにおける組織的大量殺戮の暴力的発動という歴史的事態と、全体主義と暴力が危機的状況のなかで出現する一般的傾向——そこではコミュニティーは敵を名指すことによって容易に一体化する——とを分けて考えなくてはならない。新自由主義グローバリゼーションの影響、その結果生じた脱領土化のプロセスの加速化、そして解き放たれた攻撃的競争は、人々を自分の所属するコミュニティーとの一体化へと、そして民族的あるいは宗教的マイノリティーとの敵対へと激しく導いている。現在の世界が歴史的に向かっている事態のなかに私が見いだす驚くべき流れは、没落しつつある白人種の、脱領土化——それは世界地図の上の経済的・文化的・民族的な線を一掃しつつある——に対するリアクションである。

アメリカ政治におけるトランプの登場、ユーラシア大陸におけるナショナリズム体制の増殖は、おそらく、トランプ、プーチン、ヤロスワフ・カチンスキ、ヴィクトル・オルバン、マリーヌ・ル・ペン、ボリス・ジョンソンなどを結びつける反グローバリズム戦線の形成として読み取ることができるだろう。この戦線は金融グローバリズムによって打ち負かされた白人労働者階級の圧力の表現である。そしてそれは新自由主義エリートに対する全面的反対へと進んでいる。

第六章　貨幣コードとオートメーション

新自由主義イデオロギーは規制撤廃を完全自由主義《リバタリアン》的文化の表現として強調したとされるが、これ以上のまやかしはない。一九八〇年代以降、われわれは次のような二つの同時的プロセスを目撃してきた。ひとつは、企業――とくに投資を規制されているエリアから規制がないエリアへと移転したグローバル企業――の活動に対する法的制限の廃止や緩和である。しかし、グローバル企業の自由はだいたいにおいて、労働者の生活条件や賃金の悪化の原因となり、自然環境や都市環境の破壊をもたらした。

そのうえ経済的規制撤廃は、市民――とくに労働市民――の自由をもたらすことはなかった。こうした市民的自由の束縛は、少しづつ法的領域から言語的領域――とくに金融技術言語や密約の領域――に移行した。金融倫理はもはや法的事項ではなくなり、道徳的ルールあるいは政治的指令となり、システムにアクセスするためには従わざるを得ない技術的ルールのなかに組み込まれた。

経済空間におけるお金の拡張は現代金融資本主義の特徴であり、それは記号資本主義と命名することができる。というのは、生産過程のなかにおいて記号が突出的位置を占めているからである。お金は間違いなく記号であり、歴史を持った記号である。過去の産業資本主義においては、お金は一定量の物質的なものを表象する参照記号にすぎなかったが、今日では、お金は社会的な生産諸力を動員したり解体したりすることができる力を獲得した自己参照記号になっている。固定相場制が終焉してから、金融投機の恣意的ゲームがグローバル経済のなかで中心的な位置を占めることになった。その結果、物事のあいだのあらゆる関係の無原則化、人と人のあいだのあらゆる関係の不安定化が生じた。それだけでなく、金融は社会生活における抽象的な自動的調整形態を推し進める一般的力として成長した。とくに債務のダイナミズムは社会に浸透し、ついには社会を支配するようになり、人々に銀行システムとの相互作用を行なって投資言語を受け入れることを余儀なくさせた。

ある時点で——とくに二〇〇八年の金融崩壊のとき——、私のように金融分野に特別の関心を持っていない多くの人々は、理解不能な金融用語を理解しようとすることを余儀なくされるとともに、金融的抽象化がわれわれのまっとうな生活に対して行なう侵害に抵抗を試みざるをえなくなった。

今世紀の初め、いわゆるドットコムの倒産は、一九九〇年代にインターネットの創設と増殖を可能にしたベンチャー資本と認知労働者《コグニタリアート》のあいだの同盟関係の幻想を打ち砕いた。二〇〇〇年におけるヴァーチャル経済の危機のあと、力を失った認知労働者は不安定化のサイクルに入った。そして社会全体が抽象的な負債に怯えることになった。

九〇年代の終わりに、ジャン・ボードリヤールは次のように書いている。

負債はけっして支払われることはないだろう。いかなる負債も支払われないだろう。帳尻は最終的に合うことはないだろう。時間を計算に入れたら、失われた金は計算できないだろう。アメリカ合衆国は潜在的にすでに支払い不可能になっている。しかしこのことはいかなる結果ももたらさない。この潜在的倒産に対する最後の審判は訪れない。負債の責任から逃れるためには、冪乗的あるいは潜在的なモードに入れば十分なのである。というのは、もはや計測のための基準として役立ついかなる参照世界もないからである。(1)

このボードリヤールの予言は的中しなかった。負債を軌道に乗せることに失敗したからである。従来軌道に乗っていたはずの負債は機能不全となり、経済に取り憑いた。負債が軌道から外れたことに直面した金融階級は、無から価値を生み出す試みを連発した。しかしそうするために、金融階級は社会労働の産物を無に転化することになる。社会が抽象的負債を支払うことになるために、この二百年のあいだにとくにヨーロッパで生産された富を一種のブラックホールが飲み込み始めた。クレジット・デリバティブ市場は破壊が生産に取って変わる場所である。規制が撤廃された市場で〝先物取引〟が一般化した一九八〇年代以降、金融機関は金を逆説的に投資し始めた。すなわち勝ったときはキャッシングし、負けたときはCDS〔クレジット・デフォルト・スワップ＝損失額の補塡を受けるために信用リスクの移転を目的とするデリバティブ〕のような保険に依拠した金融トリックでさらに多くのお金をキャッシングをするというやり方である。

旧来の蓄積のための産業モデルはM－G－M（お金－商品－より多くのお金）というサイクルに基づいていたのだが、新手の蓄積のための金融モデルはM－P－M（金－略奪－より多くの金）というサイクルに基づいている。そしてこれは次のようなことをもたらす。すなわち〈お金－社会的貧窮－より多くのお金〉。これが工業労働の遺産と近代文明の構造そのものをすばやく消費するブラックホールの起源なのである。金融資本は未来の牽引装置ならびに破壊装置として、エネルギーと資源を捕獲し、それを金銭的抽象化へと、つまり無へと変容させる。二〇〇八年、アメリカのデリバティブ市場の崩壊とリーマンブラザーズの破産のあと、金融緊急事態が宣言された。その結果、社会全体が向こう見ずな金融力学によってもたらされたとてつもないコストを支払うように召還されることになったのである。

言語とお金

現在起きている経済の金融化は貨幣システムの自己参照性を条件として成り立っている。実際、金融蓄積は本質的に、金融手続きと生産・交易のダイナミズムとのあいだの関係のオートメーション化に基づいている。金融の機能（これは昔は資本主義の一般的利害に依存していた）はいまや、オートメーション化された経済言語となり、現実の経済空間（生産と交易）を生産自体の合理性には属していない数学的合理性に従属させる超コード化システムとなっている。

アメリカ・ドルを固定相場性から解放するという一九七一年のニクソンの決定は、金融変数はいかなる参照座標からも独立していて、自己調整・自己決定の恣意的力に基づいているという考えを擁護するものであった。デジタルウェブの創設は、金融コードと経済的ダイナミズムとのあいだの関係のオートメーション化に道を開き、その結果社会生活は金融記号に従属することになった。

チョムスキーの構造理論は、言語記号は共有された構造の集積のなかで交換可能であるという考えに基づいている。共通の認知能力が交換を可能にするということである。したがって言語はお金と同じように、全体に通じる同質性を持ち、多様な商品の普遍的翻訳装置なのである。われわれはあらゆるものをお金と交換することができるが、あらゆるものを言葉と交換するこ

ともできるのである。(2)

しかしお金はまた、（もちろん言語も同様だが）エネルギー動員のためのツールであり、自己膨張性を持った行動的なものである。お金は金融資本主義の世界にあっては表示装置《インジケーター》というよりも流通のファクターである。お金は参加や従属を引き起こすのに適したものである。負債のもたらす現実を見たらいい。負債が社会的身体のなかでもたらす貧窮や搾取のおぞましい効果を見たらいい。負債はお金を恐喝の道具に変える。価値の尺度と見なされていたお金は社会的・精神的従属のためのツールに変わった。形而上学的負債は、お金、言語、罪悪を結びつける。負債は罪悪であり、この罪悪は無意識の世界に入り込み、力と従属の構造に従って言語を形作る。

言語とお金は共通の何かを持っている。それらは身体的には無であるが、人間の歴史におけるあらゆるものを動かす力を持っている。言葉は人々を信じさせ、予測や刺激をつくりだし、ゴールに向かって行動させる。言葉は説得や心的エネルギーの動員のためのツールである。お金も同様に、一枚の紙が世界中で売買されるあらゆるものを表象するという信用・信頼に基づいて作動する。

Understanding Media〔一九六四年〕〔邦訳『メディア論——人間の拡張の諸相』、みすず書房、一九八七年〕の第十四章「お金——貧しい人間のクレジット・カード」のなかで、マクルーハンは次のように書いている。

お金は話す。なぜならお金はメタファーであり、移動し橋を架けるからである。お金は単語や言葉と同じように、共同作業、技能、経験といったものの貯蔵庫である。しかしながらお金はまた、文書《ライティング》と同様に専門的なテクノロジーでもある。文書が発言や命令の視覚的様相を強化するように、そして時計が視覚的に時間を空間から引き離すように、お金は仕事を他の社会的機能から引き離す。今日でもお金は、農民の仕事を、理髪師、医者、エンジニア、配管工などの仕事へと翻訳するための言葉である。広大な社会的メタファー、橋、あるいは翻訳装置として、お金は——文書と同様に——交易を加速化し、いかなるコミュニティーにおいても相互依存の結束を緊密にする。(3)

お金は社会的諸関係の単純化のためのツールであり、言表行為のオートメーション化を可能にするものである。産業ロボットは機械的・熱力学的であり、つまり〝労働者は単にその意識的結合の役目を果たすだけの存在になるような仕方で多数の機械的・知能的器官から成り立っている〟のに対して、デジタル自動装置《オートマトン》は電子コンピューターによるものであり、神経システムを包含し、電子的・神経的接続ネットワークのなかで繰り広げられる。(4) 生命－情報自動装置《オートマトン》は、デジタル自動装置《オートマトン》が社会－言語的な相互作用の流れのなかに挿入されて生まれたものである。

抽象化とオートメーション

前世紀には、抽象化は、芸術、言語、経済の領域における世界の一般的歴史の主要な傾向であった。抽象化とは、一連の現実的経験からある概念を知的な仕方で抽出したものと定義することができる。しかしそれはまた、身体的過程から概念的ダイナミズムを分離したものと定義することもできる。マルクスが具体的な物の有用的生産から分離した労働活動に言及するために〝抽象的労働〟について語った時代から、われわれは抽象化は強力なエンジンであることを知っている。資本主義は抽象化のおかげで、価値化のプロセスを物質的な生産のプロセスから分離した。かくして生産労働が情報生産のプロセスに組み込まれたために、抽象化が蓄積の主要な源泉となり、オートメーションの条件となった。オートメーションは抽象化を社会生活の機械装置に挿入したものであり、したがってそれは行動（身体的かつ認知的な）を技術的エンジンに置き換える。文化史的に見ると、二十世紀の最初の部分は、記号をその厳密に指示的な機能から解放するという特徴を持った。これは後期近代の一般的流れ、文学や芸術、あるいは科学や政治においても、支配的な傾向であったと見なすことができる。

しかしながら、二十世紀の後半に至って、貨幣記号が自立性を主張し始め、先に述べたニクソンの決定以降、貨幣の規制撤廃過程が始まり、貨幣の動力学の恣意的な自己決定が堅固に確立されることになった。お金は何かを指示するものから自己参照的な意味作用を持つものにシフトしたのである。これが貨幣空間のオートメーション化のための、そして社会生活がこの抽象化の空間に従属するための条件を準備したのである。

電子的なオートメーションは、身体的活動よりもプログラム化された知識を表象しない。身体的活動は純然たる情報の動きに置き換えられるため、お金は身体的活動の貯蔵庫として情報による信用形態やクレジット・カードと融合する。(5)

マクルーハンは、お金の歴史を、交換商品から基準的価値を表象するものへと、そして電子的抽象化へとたどり直しながら、次のように書いている。

グーテンベルクのテクノロジーは広大な文字共和国を創設した。そして文書と生活とのあいだの境界に大きな混乱をもたらした。印刷技術に基づいた表象貨幣は、金塊や商品貨幣とは矛盾する信用《クレジット》という新たなスピーディーな領域をつくりだした。しかしすべての努力は、このスピーディーな新たなお金が緩慢に動く金塊バスと同じように作動するように仕向ける方向に向けられた。J・M・ケインズは、『貨幣論』〔一九三〇年〕のなかで、この政策についてあらまし次のように述べている。商品貨幣の長い時代は表象貨幣の時代を迎えて脇に追いやられた。金《ゴールド》は、個人の手が物質的財をつかんでいるかぎりその価値が消え去ることはない貨幣、貯え、触知できる富であることをやめる。それはもっとはるかに抽象的なもの——価値の基準そのもの——になる。そして金だけが、一群の中央銀行のあいだ

で時々ほんの少量だけ順に回されることによって、この名目的な位置を保っているのである。(6)

貨幣のダイナミズムは、それが抽象化されたとき（つまり指示対象から分離され具体性を失ったとき）にはじめてオートメーション化され、意味作用の非指示的空間のルールに従って価値化される。そこでは情報が物の場所を占め、金融――かつては生産が資本と出会う場所であり、資本が生産と出会う場所であった金融――は物質的生産の拘束から解放される。そして資本の価値化（投資されたお金の増大）の過程は、もはや使用価値の創造を経ずに通り抜ける。指示対象が取り消され、蓄積がお金の循環のみで可能になるので、商品の生産は金融の拡張にとって不要となる。抽象的価値の蓄積は人々の負債への従属と既存の富の捕獲に依拠する。このような資本蓄積の有用な物からの解放は社会福祉の消滅過程をもたらす。

金融経済の領域においては、金融循環と価値化の加速化は生産品の具体的有用性の排除を意味する。なぜなら情報の循環が速ければ速いほど、価値はそれだけ速く蓄積されるからである。商品の生産と流通が緩慢なのに対して、純然たる金融情報は物のなかでもっとも速く流通する。資本の現実化の過程、すなわち商品とお金の交換は、貨幣蓄積の速度を遅くする。コミュニケーションの領域でも同じことが起きる。すなわちメッセージが意味をなくせばなくすほど、意味の生産と解釈にかかる時間は短縮される。かくして意味を持たない純粋なメッセージの循環は瞬間的に行なわれることになる。

この二十年間、コンピューター、電子取引、ダークプール〔取引所外取引〕、フラッシュオーダー〔アメリカの証券取引所が提供していた情報通信サービス〕、マルチプルエクスチェンジ〔複数為替〕、オルタナティブ・トレーディング・ベニュー〔代替取引市場＝証券取引所外の私設取引システムなど〕、ダイレクト・アクセス・ブローカー〔スピードと注文約定に特化した株式仲買人〕、OTCデリバティブ〔店頭デリバティブ＝証券・金融取引所を介さずに取引される金融派生商品〕、ハイフリークエンシー・トレーダー〔高頻度取引＝コンピューターで瞬間的に株の取引などを行なうシステム〕等々が、金融領域の風景を完全に一変させ、とりわけ人間のオペレーターと自律型ロボットとの関係を大きく変えた。物質的な物、物質的資源、身体といったものへの参照をやめればやめるほど、金融の流れの循環を加速化することができるようになる。そうであるがゆえに、この抽象化－加速化のプロセスの終わりで、価値は労働と物との物理的関係からから出現するのではなくて、無と無の潜在的交換の際限なき再生から出現することになるのである。

ルールの記入

社会的活動家集団や開放的な金融技術者は、代替通貨が金融トラップを内側からはずすのに役立つツールであるという考えを推進している。

開放的な金融技術者は、経済空間は国家や中央集権的な貨幣コントロールから自由でなくてはならないという自由主義的信念に鼓舞されている。彼らは金融空間の民主化の可能性を追求している。

お金の機能が覆されるかどうか、私にはわからない。また、現在お金のダイナミズムを知識と労働を従属させるためのツールとして使っている金融資本主義から社会生活や生産を救い出すためのツールとしてお金を使うことができるかどうかも、私にはわからない。

経験によれば、お金は社会生活の〝最終的自動装置《オートマトン》〟として作動する。また経験上、生活空間をお金による交換やコード化から脱却させること（支払い不履行やお金によらない交換）は、自立のための空間をつくりだす道である。

支払い不履行は、社会をシステマティックに破壊する金融による恐喝に抵抗するためのもっとも効果的な方法である。しかし組織化された支払い不履行は、社会的連帯が強力なときにだけ可能な方法であり、現在の状況では連帯の環は弱体である。

これまで街路で多くの大衆的抗議運動が行なわれてきたが、最近では人々は連帯を長続きさせることができていない。そのため、負債や不当な課税の支払いを積極的に拒否すること、基本的サービスのための支払いを拒否すること、空間やビルの恒常的占拠、緊縮政策への妨害、等々といった支払い不履行は、近年、社会的シーンに現実的な根を下ろしていない。

地域での交換のための代替通貨〔地域通貨〕の基本的形態は、最近ヨーロッパの多くの場所に出現し、時間や基本的サービス・商品の共有といった経験を増やしている。しかし地域通貨は、社会的連帯が信用や相互扶助を促進するほど十分に強い場合にしか重要な意味を持つ交換形態になることができない。

代替通貨のより精巧な形態は高度な技能を持ったプログラマーによって推進されてきた。ビットコインはそれらのなかでもっともよく知られたものである。貨幣を生み出すことは技術的問題であるが、金融貨幣を代替貨幣に置き換えるには信用の問題がかかわる。

代替通貨はゲームの切り換え装置として機能可能であり、それはある程度まですでに起きている。しかし、そうした代替行為が社会的連帯の根元的欠如をどのようにして埋め合わせることができるかは明らかではない。

一方、アルゴリズム的貨幣はオートメーションのための最終的ツールとして機能することができる。行動のオートメーション、言語のオートメーション、関係のオートメーション、評価や交換のオートメーションである。ビットコイン立案者の意図にもかかわらず、その通貨的機能は社会的交換の領域においてオートメーションのレベルを引き上げる方向に働きつつある。

私が関心を持っているのは、人々のあいだの諸関係の技術‐言語的オートメーションである。経済的・金融的諸関係はもはや倫理的否定や政治的決定の対象ではなくなっている。そうした諸関係は、ある種のサービスへのアクセスを可能にしたり仕事を見つける可能性を与えたりするコードのなかにますます書き込まれるようになっている。

個人的関係をプログラミング言語のなかにコード化することが一般的傾向になっている。隠れた通貨や隠れた契約は、人々の関係をよりいっそうプログラミングされたものの実行へと変換し、人が次のステップにアクセスするために遂行しなくてはならない決まった手順へと導く。そうすると法の規範的機能は、単なる操作的機能に切り縮められたオートマティックな人間装置に置き換えられる。工業システムの乗り越えは身体的行為の情報への翻訳によって可能になった。言語的相互作用のオートメーション化、認知的・情動的行為のアルゴリズムとプロトコルによる置き換えが、現在起きている変動の主要な方向である。

第三部　可能性

第三部で私は可能性について語ろうと思う。私の基本的想定は以下のようなことである。現状の暗さにもかかわらず、また戦争の勃発や敵対心の広がりにもかかわらず、さらには政治的意志の不能《インポテンツ》にもかかわらず、可能性は現在の世界の構造的構成のなかに存在している。それは解放、生活の充実、平和の可能性である。この可能性は世界の知識労働者の協同性のなかに蓄えられている。この可能性のコンテンツは人間の時間を労働の拘束から解放すること、そして人間の労働をテクノロジーによって完全に置き換えることである。この解放は、単に社会的諸関係を改良し、賃金や資源の再分配や大量失業の終焉をもたらすだけでない。

それは同時に、社会的エネルギーを経済や商品生産（しばしば無用で損害をもたらしもする）の領域から、ケアーやセルフケアーや教育の領域に移行させる可能性をつくりだすだろう。現在の社会的病理はおおむね、搾取、経済競争、賃金の不安定性といったものによるストレスの結果と見なすことができる。人間の労働時間を機械で置き換えることは、可能性を手の届くところに持ってくるだけでなく、環境の荒廃を取り除き、社会生活と世界平和を停滞させている神経ストレスを削減するための緊急の必要事でもある。

可能性は社会的頭脳のなかにあり、知識と教養の社会的組織化のなかにある。われわれが想像力を持ち続け発明をし続けるかぎり、われわれが権力から独立して思考することができるかぎり、われわれは打ち負かされることはない。問題は、闇の勢力が思考や想像力や知識を貪欲のルールや戦争のルールの下に組み敷こうとしていることである。

もし闇の勢力が知識を利潤と暴力の論理に従属させることに成功するなら、闇の勢力がすべてを破壊するだろう。もし闇の勢力がその意図を実現するのに成功しなかったら、闇の勢力がいかなる破壊をもたらそうとも、世界の認知労働者《コグニタリアート》は、平等主義、社会的自立、幸福というオールドドリームを再生させるためのエネルギーと創造性を見いだすだろう。

第七章　難問

仮想的なものは単に物のなかに可能態として潜在しているものではない。それは可能態を生み出す潜在能力なのだ。ハッキングするということは、抽象的なものをつくりだすこと、あるいはそれを情報に適用することであり、新しい世界の可能性を必然性を超えて表現することである。

マッケンジー・ワーク『ハッカー宣言』〔金田智之訳、河出書房新社、二〇〇五年〕

資本主義はもう死んでいる。われわれはその死骸のなかで生きていて、その腐敗した体からの脱出口を必死で見つけようとしているが見つからない。

これがいままでの状況だ。

利潤蓄積と成長のサイクルは賃金労働からの剰余価値の搾取と使用価値の生産の交換価値への転化による搾取に基づいていた。しかしこのサイクルは使い尽くされた。使用価値は生産されるが、有用なものはもはや剰余価値を生み出さない。

GDPの成長はもはや近代経済の健全さを測るためのとくに有用な方法ではない。近代経済におけるもっとも重要な発展の多くは、GDPの公式数字にはほとんど貢献していない。ウィキペディアによるブラウジング、ユーチューブでのビデオ視聴、グーグルでの情報検索といったものが、人々の生活に価値を加えているのである。しかしそれらはすべて無償のデジタル商品なので、GDPの公式数字はその影響を控え目に扱うしかない。価格を下げる効率的改良はGDPにネガティブな影響をもたらす。ソーラー・パネルを考えてみたらいい。その設置は当初GDPを押し上げたが、その後、オイルやガスの節約がGDPを減少させた。(1)

資本主義は活動と発明を包含した容器であるが、しかし有用なものすべてを貨幣的価値に変え、すべての具体的生産行為を抽象化する。資本主義は具体的活動を抽象的価値に転化する記号的コードであり、この転化によって具体的経験世界は空っぽになる。

オートメーション

若い頃(一九六八年前後)イタリアの政治組織〈ポテーレ・オペライオ〉〔労働者の力〕の活

動家だったときから、私は技術革新が人間労働に取って代わり、労働者運動の主たる目的は労働時間の短縮のための戦いになるだろうと確信していた。

賃金労働は人間活動の利潤追求経済への従属を包含していて、したがって社会的闘争の歴史は賃金労働の錯綜した関係からの自立のための探究と見なすことができる。

実際、西洋社会とくに私の国を六八年の前と後に揺さぶった長期にわたる闘争と社会的動員の波は、以下のように簡単に要約することができる。すなわち、労働者はもっと少なく働き、もっとたくさんもらいたい。

資本主義は、生産性を上げサボタージュや反乱をコントロールするためにテクノロジーに投資し、生産過程をオートメーション化するために機械を導入する。

自動機械《オートマティック・マシーン》は反復作業をすることができる。それはまた、人間があらかじめ想定した状況に従って〝決定〟をすることができる。われわれは反復作業とある種の〝決定〟という自動機械固有のフィールドの内部における自動機械の限界を議論したい。オートメーションの発達は、エンジニアの技術的知識、自動機械建造のコスト、自動機械装置の需要、機械を設計し建造し操作することができる熟練した専門家の能力といったものによって限定される。純粋に技術的な見地からすると、自動機械が人間の労働者よりもいかなる反復作業もより速く、より精密に、そしてより細心の注意をもって行なうように工夫されていることは疑いがない(2)。

一九六〇年代の末、私はエレクトロニクスやロボットといったテクノロジーの発達は、労働の義務からの社会生活の解放への道を準備するものだと確信していた。

しかしその五年後、私の予測は間違っていることが明らかになった。

そして二〇一〇年代に入った現在、人々は三十年前より多く働いているにもかかわらず稼ぎは少ない。労働者運動の政治的力量は事実上大きく後退している。

私の予測が間違っていたのは、私が労働からの解放という見込みに対する文化的抵抗を考慮に入れず、また世界の異なった地域における経済発展の不均衡、利潤本位の経済に向けたグローバル競争も考慮に入れず、そしてなによりも工業労働者の運動、わけても共産党や世界の多くの地域の組合が果たした矛盾した役割を考慮に入れなかったからである。

しかしながら私はこの私の当初の理論的作動を否認しない。私の予測が明白に間違っていたにもかかわらず、問題はかつてにも増してこの予測にかかわっているのだ。

労働、科学、テクノロジーはオートメーションを普及するために協同し、オートメーション化は労働の生産性を飛躍的に高めて、必要労働時間の大規模な削減の道を準備した。しかしこれは人々が生活のための賃金労働に捧げる時間を削減することに通じていない。逆に、今日、工業労働者も認知労働者《コグニタリアート》も、一九六〇年代や七〇年代よりももっと長時間働いている。失業や不安定労働にかかわる数字がはね上がる一方、労働市場のグローバル化は従来の労働時間の規制や制限を破壊した。

数十年前、リフキンやゴルツのような思想家は、テクノロジーの発展の直接的結果として労働の終焉を予言した。しかし彼らの予言は覆され、ものごとはまったく違った方向に向かった。労働者の状態は改善されるどころか悪化し、不安定な隷属状態から解放されるどころかそれが強化され、無力状態から脱却するどころかそれが拡散している。二十世紀後半の社会学的想像力と比較してみたとき、これが現在の実態であると言わねばならない。

スタンリー・アロノウィッツとジョナサン・カトラーは、一九九八年に刊行された『ポストワーク』〔*Post-work: The Wages of Cybernation*, 1997〕という本のなかで、アメリカにおける労働時間の歴史のアウトラインをたどり直している。労働時間短縮のための闘いは労働者運動の課題のなかでもっとも重要なもののひとつだった。十九世紀・二十世紀を通しての労働時間の着実な短縮は、労働組合の進歩的活動の主要な成果だった。

それから前世紀の最後に至って、何かが起きた。それは奇しくも、生産性を飛躍的に加速化し、新たな記号労働の分野をつくりだしたデジタル・テクノロジーの作動と同時に起きた。

資本のグローバル化、超国籍企業の創設、国境の浸食といったものが、労働市場の完全な脱領土化を引き起こし、世界的規模で労働者同士を競争状態に置いたが、労働組合や進歩的政治党派（共産党を含む）はおおむね国境内にとどまり続け、グローバリゼーションや労働市場の規制撤廃がもたらす危険性を見抜くことができなかった。その結果、労働運動のもっとも重要な成果――労働時間の短縮、セルフケアー・教育・娯楽のための社会的エネルギーの解放――は後退した。

アロノウィッツとカトラーは、「生活水準は高くならなかった。余暇は満喫されることはなく、ストレスとその社会的症状が這い上がってきて、われわれが計画していた黄金の未来は早くも崩れかけた(3)」と書いている。仕事が増えればそれだけストレスが増え、セルフケアーはおそろかになり、子どもや教育のために割く時間も少なくなる。さらに、労働時間の増大は失業をもたらす。労働人口の一部が労働時間を延長することを余儀なくされる一方、失業状態に追い込まれる人々が増えていき、それを逃れるために彼らはいかなる不安定労働をも受け入れざるを得なくなる。

アメリカで失業率の上昇と社会的危機が続いたあと、オバマの量的緩和政策は失業の流れを逆転させ、雇用の増大は経済学者に広く歓迎された。

しかしこれで本当に社会生活が改善されたのだろうか？　フランク・ブラニが『ニューヨーク・タイムズ』のコラムで、こう答えている。「新しい仕事は昔の仕事のように健全なものとは感じられない。それは同じお金を稼ぎ同じライフスタイルを維持するのにより多くの時間を要する仕事だ。学生には負債がのしかかっている。上向きの動きはますます蜃気楼か神話に見えてくる(4)」。

この時代の一般的傾向は次の一文によく表現されている。「同じお金を稼ぎ同じライフスタイルを維持するのにより多くの時間を要する」。

これは人間が全体として退化していることを告げている。

難問

資本主義経済の下における仕事とテクノロジーとオートメーションの関係は一種の難問であると言える。

わかり易く言えば、この概念的迷路をわれわれは以下のような仕方で説明することができる。仕事のプロセスへの知的能力の適用は生産性の増大をもたらす。したがってそれは社会的延命にとって必要な商品の生産のための仕事の時間の削減を可能にする。たとえ人口が増加し（実際この四十年ほどでそうなった）、世界中の住民の物理的・文化的必需品が拡大しても（実際この十年ほどでそうなったが、それは世界市場が広がり新たな大衆が産業消費にアクセスするようになったからである）、工業的作業のオートメーション化による生産性の増大は、各個人の労働時間の削減を十分可能にする。

しかしながら、このわかりやすい説明は資本主義経済のダイナミズムと符合しない。生産過程の中身（手仕事、科学的知識、技術的熟練、工業的作業のオートメーション化、認知的作業のオートメーション化）は、資本主義経済という容器との関係で評価されなくてはならない。資本主義経済の特徴は、抽象化技術の適用可能性を形状化しモデル化することである。

私の関心はここで中身と容器の関係に特化する。

注意すべきは、この場合、容器は単なる容器ではないということだ。それは記号装置であり、形式的パラダイムであり、経済的利害、文化的な規範や展望、政治的制度、軍事的構造などによって形作られるものである。この容器は記号装置として、中身の組織化のための記号的モデル（日常生活、言語、知識、テクノロジー）を製造する。

社会的想像力はこの容器によってつくられる。したがって社会活動の中身は蓄積と成長のパラダイムに従ってモデル化されるが、他方で中身（知識、労働、創造性）は容器を超える可能性を生み出す。

記号装置と生きた中身の関係は難問であり、ひとつの謎として——秘密としてではなく——研究されなくてはならない。

秘密というのは、なにか厄介ごとの背後にある隠された真実である。秘密の場合、本当の答えが存在するということであり、ただそれが隠されたり保護されたりしているというだけのことである。箱の鍵を見つけたら、そのなかに本当の答えが見つかるということである。

それに対して、謎は不可解なことである。発見すべき隠された真実があるわけでもなければ、問題に対する最終的な答えがあるというわけでもない。謎は、問題の数学的解決によってではなく倫理的 - 美的直観によってしか決着をつけることができない果てしない厄介ごとである。パオロ・ヴィルノは際限なき退行の人類学的意味について語りながら、人は十分に調べつくしたと感じる瞬間があり、そのとき決断するのだと書いている。[5]

倫理的問いと判断の謎めいた特徴は、次のようなことのなかに存在している。真理は存在しない、問題への解決策は存在しない、そして厳密に言うなら、問題は存在しない。存在するのは、ひとえに可能性の空間をさまよう震動だけである。

社会的フィールドでは決定者は力である。資本主義的記号装置は力を持っている。それに対して、形式的容器のなかに押し込まれ、詰め込まれ、圧縮された生活形態は容器を打ち破って飛び出すだけの十分な力を持っていない。

不安定労働時代における労働の拒否

〝労働の拒否〟という表現は、一九六〇年代の末からイタリアの労働運動のなかで広く流布したが、それは当時の特殊な人類学的状況を反映していた。すなわち、この国の南部農村地域から北部の工業都市への若者の大規模な移住現象である。彼らは生活の変化をうとましく思った。地中海の日光のあふれたのんびりしたムードのなかで幼少期を過ごしたあと、霧に包まれた工場の暗い喧噪のなかに放り込まれた彼らは、絶え間のない不安に取り付かれた。そして首都の学生文化と接触し始めると、彼らの労働に対する嫌悪は、疎外に対する文化的抗議へと転化した。

彼らの問いは、これが生きることか？　というものだった。

いいや、この意味のない行為の意味のない繰り返しは生きることではなかったし、生きることではないのだ。

労働の拒否は、マスプロ教育の時代に成長して労働者になった世代の特殊な状況に基づいた倦怠と悲しみに対する宣戦布告であった。そこにあるのは、彼らの文化的欲求と実存的期待の爆発である。

しかしながら、労働の拒否という概念をこのような歴史的状況に限定するのは誤りであろう。なぜならそれはもっと広い意味内容を持っているからである。労働への抵抗は技術革新の源泉であり、同時にそれは労働時間の削減を可能にするものでもある。

前世紀後半の特殊な社会的座標系のなかで、社会的意識と技術的進化が符合し、知識の潜在力が賃金労働からの生活の解放にドアを開いた。かくしてデジタル・ネットワークが最終的な解放の力として歓迎されることになった。しかし労働からの解放は単に技術的プロセスではない。それは政治的自覚と文化的展望の奥深い変化を前提とするものである。労働組合は労働を節約するテクノロジーの導入に反対し、逆に彼らのエネルギーと影響力を仕事の擁護と既存の労働条件の擁護に注いだ。彼らは自らのアイデンティティを労働の工業的構成に結びつけ、技術革新に反対する保守的勢力となり、そのため金融資本主義者だけが技術革新の機会を利用することができることになった。

社会的意識と技術革新はそのときに分岐し、同時にわれわれは技術的野蛮主義の時代に入った。技術革新は不安定労働を引き起こし、富は大規模な貧窮をつくりだし、連帯は競争となり、ネットによって連結された脳は社会的身体から切り離され、知識の潜在力は社会的繁栄から切り離される、といった時代である。

しかしながら、一般知性の潜在力はなお活性的である。とはいえ、社会的解放のプロセスを起動させることはできないでいる。なぜなら、諸身体間の接続が不安定で脆弱だからであり、脱身体化した脳の連結がすべてを包含するほど恒常的かつ強迫観念的になり、生活が遍在するスクリーンに投射された光学的イメージにまで置き換わっているからである。

この十年間、技術革新は労働生産性を格段に高め、大量の商品を生み出した。

これは資本主義の優れた効率を示す証拠であろうか？　全然そうではない。これは世界中の多くの認知労働者《コグニタリアート》の協同作業の成果である。これは創造性と知識の結果である。これを可能にしたのはエンジニア、デザイナー、哲学者といった面々である。商品の使用価値に目を注いでみれば、彼らが日常生活を豊かにし改善したことがわかる。

しかしわれわれがイノベーションを経済用語に移し変え、〝使用可値〞を価値増殖と資本蓄積の論理に置き換えると、すべては異なった姿をまとうことになる。

有用な商品やサービスの世界の信じがたいほどの拡大にもかかわらず、富の分配は不平等・不均衡であり、豊かさは失われつつあるように見え、生活は劣化の一途をたどっている。

経済用語では、成長は価値や貨幣的富から見たGNPの増加を意味する。資本主義的コードは使用価値の発展を金融蓄積と日常生活の貧窮化へと変換する。文化モデルとしての成長は記号的錯綜体の社会的生産として作動し、あるねじれを引き起こして豊かさの可能性を悲惨な現実へと変換する。

二〇一五年、世界の石油生産は飛躍的に増大したため、一バーレルあたりの価格は前例のない低価格となった。同じことは鉄鋼生産についても言える。この時期、世界中の国々で需要は低下していた。この状況を経済学者は破局的であると説明し世界経済の全面的崩壊を予測した。過剰生産、デフレ、失業の悪循環。しかしこれは資本主義が有用性の現実的世界を抽象的な価値の世界に書き替えていること、豊かさを悲惨さに、豊穣を欠乏に、潜在力を無力に再コード化していることの証拠にほかならない。

フェイク・カンパニー

午前九時三十分。天気のいいウィークデイ。フランス、リールの事務所調度品の調達会社カンデリアの電話が次から次へと鳴り、フランス国内のみならずスイスやドイツの顧客からも次々と注文が入る。コピー機がリズミカルに音を立て、十数人の労働者が注文を受け、相手と打ち合わせをして、机や椅子の出荷手続きを行なう。

経理部で働くサビーヌ・ド・ビュイゼールは、体を傾けてコンピューターをのぞき込み、数字を入念に見る。カンデリアはうまくいっていた。税金と給与を勘定に入れても、その週の収入は経費をはるかに超えていた。「われわれは利益を上げなくてはね」と、ド・ビュイゼール女史は言いながら、さらに「ひとりひとりの仕事がわれわれの成功を確かなものにするのです」とのたまう。

これはどんな社長でも聞きたくなる言葉だ。しかしこのケースでは、ビジネス全体がフェイクなのだ。家具を注文する会社から配達を行なう輸送業者にいたるまで、カンデリアの顧客も供給元もフェイクなのである。カンデリアに融資している銀行さえ現実に存在してはいない。

現在、カンデリアのようなフェイク・カンパニーが百社以上、フランスで稼働している。ヨーロッパ中だと数千社にのぼる。セーヌ＝サンドニ県のパリ近郊では、〝アニマルキングダム〃と銘打ったペットビジネスがドッグフードやカエルなどを売っている。〃アートリム〃というリモージュの会社は陶磁器を売っている。オルレアンの化粧品会社は香水を売っている。しかしこれらすべての会社の商品は架空のものである。

フランスには、ペットショップ〃アニマルキングダム〃のように、失業中の労働者がトレーニングを行なう訓練会社が百社以上ある。これらの会社は、実際に経済的機能を果たすトレーニング・ネットワーク装置のなかに組み込まれている。そもそもの目的は、さまざまな産業分野に就職したいと思っている学生や失業者を訓練することだった。しかし現在、これらの会社は、ヨーロッパの長期的経済危機から出現したもっとも切迫した問題のひとつである長期的失業という非常事態に対する対策として使われている。

ド・ビュイゼール女史は、カンデリアが実体のない仕事をしていることを気にかけていない。彼女は二年前秘書の職を失い、堅実な仕事を見つけることができないでいる。しかし一月から、彼女は毎日早起きし、化粧をしてオフィスに出かける準備をする。九時にはリールの低所得者居住区にある小さなオフィスに到着する。リールはこの国の失業率がもっとも高い場所のひとつである。

四十一歳のド・ビュイゼール女史は、給与を支払われているわけではないが、規則正しい日常を過ごせることを歓迎している。そして彼女はカンデリアがいずれ本当の仕事につながることを期待している。(6)

この信じがたい物語はまるでフィリップ・K・ディックの小説のようだ。これは人々が朝早く起き、何も生産せず給与も支払われない場所に働きに行く世界である。しかしこれは小説ではなく、社会自身の先入観、主要には賃金労働と経済成長というドグマによってものが見えなくなった社会の描写なのだ。

人々は仕事が人間のアイデンティティと尊厳の基盤であると信じるように教育されてきた。そして人々は自分の労働環境に沿うかたちでのみ社会化されてきた。そうであるがゆえに、人々は自分の仕事がもはや必要ではないとわかったとき鬱になるのである。

鬱状態はアイデンティティと仕事が合体して強迫観念として取り憑いた結果である。自分の将来の生活への不安と現在の生活の喪失感がリンクして内面化した結果である。このリンクをもたらすものをわれわれは賃金と呼ぶ。しかしわれわれの技能と知識の有用性は抽象的な交換可能性に切り縮めることができるものではない。多くの認知労働者《コグニタリアート》の有用な活動は、現在、人間の労働を置き換えている普遍的機械のなかに物質化されている。

たとえこの機械が否定され、隠され、忘却されようとも、それは社会的無意識に影響を及ぼす。そして社会的無意識は、われわれが延命するために人生をあきらめるように強いるような社会的仕組みの不条理性を感じ取る。

第八章　迷信

コモンセンス

二〇一六年二月、『ガーディアン』に発表された「グローバル市場はもはや経済的コモンセンスに従わない」という記事のなかで、マーク・ブライスは次のように記している。「二〇一六年で少なくとも今までのところ、もっともおぞましいことのひとつは、グローバル経済のなかで何が進行しているかを説明するとき、コモンセンスがあらゆる意味でいかにねじ曲げられているかということである」。

コモンセンスとは何か？　とくに経済の領域でコモンセンスとは何を意味するのだろうか？　コモンセンスは経験の産物である。しかし今日、コモンセンスは支障をきたしている。なぜなら、経済学者が研究しているプロセス（生産、交換、テクノロジー、労働……）が根底から変化したために、過去の経験から発展してきた概念用具《ツール》では事態を把握することができなくなったからである。

これらの概念はまわりの現実をゆがめ社会が矛盾した影響を生み出す行為を行なうように促す古い片めがねのようなものである。

いわゆる〝量的緩和〟について考えてみよう。銀行システムに巨大な額のお金を注ぎ込むのは何のためだろう？ 労働市場のグローバル化の結果需要が落ちているときに、企業にお金を投資するように促すのは何のためだろう？ マーク・ブライスはこう述べる。「グローバリゼーションと、この三十年間の政治的右派による共同歩調は、賃上げを求める労働者の能力を抹殺し、その結果超低インフレを招いた」[1]。労働の産物が必要とされたり求められたりしていないときに、しかもその大きな部分が機械によって生産されているときに、人々にもっと働くように強いるのは、何のためだろうか？ 経済的知識の基本概念が道を誤らせているのだ。「われわれはいま、成長率が一・五パーセント、インフレ率が〇・五パーセント、場所によっては利率がマイナス〇・二五パーセントという、昔風のやり方はもはや機能しない〝ポストクライシス〟世界にいるのだ」[2]。

現代経済は、資源、生産、テクノロジー、生活とのわれわれの関係を記号的にコード化することで成り立っている。社会的想像力は迷信による切迫した脅迫によって形作られている。書き直し行為（再コード化）が経済のなかに組み込まれているが、この再コード化は単に言語的行為であるだけではない。それは金融的捕獲の源泉であり、膨大な量の商品や資源の荒廃の源泉、富の分配の不平等の拡大の源泉でもある。

社会的諸関係の固定化は資本主義を自然形態として内化する過程の一部をなす。われわれはある種の人間活動を〝労働〟と呼ぶが、これは時間と引き換えに賃金を得ることであり、資本の蓄積の源泉である。

活動は楽しくもあり富をもたらすかもしれないが、労働に読み変えられると声を喪失して単なる反復行為に変化する。賃金労働になるためには、活動は――たとえ活動がそれ自体としていかに創造的であろうとも――反復のルールに従わねばならない。

テクノロジーは社会経験を増大させる。とくに少なく働きたくさん楽しむことを可能にする。しかしテクノロジーは、経済的文脈に移し変えられるやいなや、一方でとてつもない過剰活動と競争に火をつけ、他方で失業をもたらす。

経済的言語は資本主義的コードの社会的ゲシュタルトへの移し変えに基づいている。それは事前にフォーマットされた形態を発生させる装置として作動する知覚的スキームである。有用な現実の経済的固定化は知覚の変換装置として作動し、利潤、成長、蓄積を物の放射物のコードへと転化する。

労働、賃金、蓄積、交換価値は、自然に付与されたものではなく、社会－記号的慣習である。しかしながらこの慣習は単に事後的に実生活をつくる記号装置ではなく、同時にわれわれの期待やわれわれの相互作用様式をあらかじめ形成しフォーマット化する意味作用の枠組みでもある。

労働は記号－経済的ゲシュタルトのキーワードである。われわれはわれわれの活動を労働と同一視するように誘引され、延命のために賃金労働に頼らざるをえなくされている。

競争はヘゲモニーを握る新自由主義宗教の呪文である。より多く働くために競争し、競争するためにより多く働く、ということだ。しかしそれは競争するために賃金が下がり、より支払が少なくなるよう競争する、ということだ。

どうしてより多く働くのか？　世界はすでに過剰な物であふれている。しかしわれわれは、経済的迷信に取り憑かれていて、さらに多くの無用で不快な物を生産することをやめない。われわれが必要とする商品はより少ない労働で生産することができるにもかかわらずである。

知識とテクノロジーの潜在力の資本主義経済の言語への翻訳は、過去の理論的根拠――私的利益と経済成長――へ多くの認知労働者《コグニタリアート》を従属させる。

物あまりの現実が欠乏の記号的格子に翻訳される。

今日オーバーワークという習慣的行為は、実際に必要とされるものではないということが明らかになっている。しかし、にもかかわらず、それは社会的遺伝子として、ほとんどすべての生活空間に浸透している……営利目的の会社は流行遅れの社会的制度であり、ほとんどの人にとって有用性はなくなっている。社会はそれを置き去りにしたのであり、そうであるがゆえにそれはわれわれによりいっそう強くしがみついているのだ。資本主義と私的所有の物神崇拝化は流れに逆らって浮遊している(3)。

昔の工業社会においては、生産の過程は必然的に物質の機械的変形に依拠していたので、価値は生産品の製造に要する時間から容易に定義することができた。しかしいまでは、価値の定義はランダムかつ変移的になっている。なぜなら、精神労働は画一的な時間基準にあてはめることがむずかしいからである。その結果、記号生産のフィールドにおいては、古い価値化のルールは溶解し、価値の源は見せかけ《シミュレーション》、詐欺行為、純粋暴力といったもののなかに存在している。

不調和

技術革新のダイナミズムは、テクノロジーと知識を資本蓄積と成長という理論的根拠に従って解釈し組織する資本主義の記号的コードと不調和をきたす。

しかしながら、共産主義の歴史的失墜と社会的連帯の解体が、資本主義へのオルタナティブをいっさい考えられなくした。

後期近代の精神のなかに深く刻み込まれた無限の拡大という期待は罠である。テクノロジー環境の再コード化に基づいた新たな展望だけが、社会組織が長期持続的成長の条件に適応することを可能にする。それは富の再分配であり、連帯であり、友愛である。これらが、必要とされる文化的変革の可能性を担ったキーワードである。しかし世界の大半の政府は、この必要性と可能性を理解していないように思われる。それはそれらの政府が経済的迷信——労働、給料、賃金労働にかかわる——の圧倒的な力によってものごとを見えなくさせられているからである。

迷信とは根拠なき信仰であり、欺瞞であり、現実に起きている出来事の認識をゆがめ、首尾一貫しない行為を引き起こす。昔の工業時代においては、賃金という範疇は物が欠乏していた状況下における人間の活動を表わすものであった。もちろん、近代初期のイギリスのエンクロージャーのように、そうした状況が人為的に生み出されることはあったが。しかし今日、この数十年間の技術革新が前例のない生産性の増大を可能にし、それがこれまでとは違った仕方で分配されることが可能なほどの豊かさを生み出したため、欠乏の体制は過去のものとなった。

デジタル装置の変化とグローバル金融は、旧来の工業システムの上にそびえ立っていたルールを無力化した。価値と労働時間とのあいだの関係、あるいは貨幣のダイナミズムと企業の生産機能との関係といったものは砕け散った。不安定性があらゆる協力形態を掘り崩している。われわれはボードリヤールが価値がランダムに浮遊する領域というイメージで描いた世界のなかに入ったのだ。この世界においては、価値はもはや労働時間に基づくことはできない。グローバル経済が停滞する一方で、オートメーションに向かう新たな勢いが研究者や開発者から到来する。人口知能（AI）とインターネットの交差が新たな自動装置《オートマトン》世代の扉を開く。この新世代は反復行為に基づいた機械的労働に取って代わるだけでなく、選択と差異に基づいた認知労働にも取って代わる。ポール・メイソンが予告するように、「来たるべきオートメーションの波は、人々が生き延びるためではなくすべての人がしかるべき生活をすることができるために、必要労働の量を大々的に減らすだろう[4]」。

この方向への流れは不安をかき立て、敵対的な政治的リアクションを引き起こす。リチャード・フリーマンが指摘するように、かつてオートメーション化への恐れの波が行き来していた。比較的最近まで、経済学者などは仕事のロボット化について慎重に語っていたが、機械が恒常的な失業をつくりだすのではないかという経済停滞期のテクノクラートの恐れは誤りであることがわかった。一九六〇年代の大規模なオートメーション化への恐れは決して現実のものとならなかった。ほとんどの経済学者は、不確実で絶えず変化する環境のなかで判断や機敏さを要求される仕事において人間が機械への優位性を失うことはないと信じていた[5]。

しかし今日、このような自己満足の時代は過ぎ去った。ハイテク会社は労働者を自動制御ロボットで置き換えるために大規模な研究を行なっている。
ラリー・ページは、労働代替テクノロジーの次のステップは週四十四時間労働と相容れないだろうと考える。しかしながら現在、人々は低賃金労働を行なうために一日八~九時間を費やし、しかも六十七歳以上になるまで働いている。そして他方で失業率が増加しているという状況である。

一九六〇~七〇年代に、世界中で、とりわけヨーロッパで起きた社会的自治の年月においては、資本主義の流れは一時的に停止し退潮することもあった。闘争やストライキ、交渉などのなかで、工業労働者は週労働時間を最大四十時間にまで削減しようとした。

社会的連帯と労働者の不服従は、エンジニアに対し時間節約テクノロジーを発展させ、労働時間を削減するように促した。しかしこれは両義的動きであった。つまり、これはより良い生活条件への道を準備する一方、既成の労働構成に対する脅威でもあった。労働組合はテクノロジーを危険と見なし、そうした労働節約装置の発動に反対し、テクノロジーの変化に対処することができなかった。

このダイナミズムのなかに新自由主義の勝利の源泉があり、とてつもないパラドックスが出現する。つまり、規制を解かれた資本主義が一方で技術革新を推進し知能的・生産的自動装置《オートマトン》をますます発展させ、他方で労働者を、ロボットに反対するというおよそ勝ち目のないレースのなかでより少ないお金と引き換えによりたくさん働くという方向に押しやっていく。このパラドックスの結果、仕事と生活の不安定化が蔓延することになる。

不安定性は労働関係の一般的形態になっている。どこかの地点で仕事が不安定化し始めると、不安定性の認識はいたるところに広がり、労働者同士（とくに認知労働者《コグニタリアート》のあいだ）の競争が連帯に取って代わる。すべての労働者は自分の仕事は機械でもできることを知っている。また自分の給料を明日には他の労働者が奪うかもしれないことを知っている。誰もが他者を潜在的敵・潜在的脅威と見なすように導かれる。

文化産業で働く若い労働者はこの不安定な脅威的状況をよく知っている。アート・ギャラリー、大学、出版企業、雑誌社や新聞社は、認知労働者をただ働きさせる。彼らはそれを〝インターンシップ〟とかなんとかと呼んでいる。認知労働者はそうした条件を受け入れざるをえない。なぜなら認知労働者は、自分の最良の個性、自分の教養、自分の表現力といったものを自分が選んだ文化的活動に投入したいと思っているからである。そうであるがゆえに、この脅迫は成功するのである。自分の好きなことのためにただ働きすることはいいことかもしれないが、しかし問題は彼らが借金を払わねばならないこと、大学ローンのために銀行にお金を返さなくてはならないことだ。これに終わりはない。

仕事と賃金の結びつきは弱くなっている。しかし賃金からの時間の分離がもとはといえば賃金労働という迷信に由来するものであるかぎり、資本家だけがランダムな不安定労働の持続から利益を得るのだ。

習慣、迷信、賃金労働

われわれは現実を迷信的に認識しているので、デジタル的生産は旧来の工業的パラダイムに従った意味づけを持つと思い続けている。

成長、労働、賃金、これが欠乏の時代において、人間の活動を説明し意味づけることができたカテゴリーである。しかしこれらのカテゴリーは、余剰と過剰を生産してきたデジタル装置の増殖や超高速性を記号化することはできない。

労働、賃金、成長といったような概念は古い記号的慣習である。しかし慣習は単に現実生活をつくる言語的サインであるだけでなく、われわれの期待やわれわれの相互作用の様式を形作る意味作用の枠組みでもある。慣習は延命を可能にする交換の手順へのアクセスを可能にするコードを生み出す。

しかし既成の慣習に基づいたコードは、技術の進歩やその結果を解釈したり操作したりすることができない。このようなコードはもはや機能しない。それはデジタル領域に出現した生活形態を合理的に扱うのに不向きである。

生産が記号的な再結合と交換に変化すると、労働は精神的エネルギーの投入に変化する。しかし、この領域における生産性はきわめて変移的かつランダムなので、精神的時間は価値に還元するのがむずかしい。したがって賃金の額は、一時的〝力関係〟という偶然的指標によって決められることになる。かくして賃金は結局迷信として現出することになり、そこから新たな奴隷形態や〝力関係〟に基づく純然たる蛮行が登場する。

賃金は基礎を欠いた城を丸ごと抱え込んだような迷信である。しかしこの迷信は、新たなオートメーションの波が生産世界に浸透していることを考えれば、かつてより脆弱になり動揺している。

われわれは労働アンドロイドを恐れるべきか？

これまでで最大の企業グーグルは、次のようなゴールを目指している。すなわち、操作機械をサーチエンジンと結びつけ、機械がネットワークの無限の源泉を使うことができるように仕向けること。そうすることによって、機械は前例のない柔軟性を獲得し、高度に複雑な仕事においても人間の代わりをすることができるようになる、というわけだ。労働アンドロイドの使用は今後数十年のあいだに普及しようとしている。

多くの普通の人々は恐れている。なぜなら彼らは、遅かれ早かれ誰かが自分たちの仕事は無用であるとわかり、自分たちは失業することになると考えるからである。彼らが彼らの仕事が無用になると考えるのは正しい。なぜなら、現在行なわれている多くの仕事は機械の方がよりよく行なうことができるという意味で不必要なものだからだ。まだそこまで至ってはいないとしても、五～六年後にはそうなるだろう。

ところがである。この三十年間に、アメリカの労働者の平均賃金は五パーセントしか上がらなかったが、平均的生産性は約八〇パーセント上がっているのである。アメリカの社会学者ジュリエット・ショアは、『オーバーワークするアメリカ人』という一九九二年に出版した本のなかで、この二十年のあいだにアメリカ人の平均労働時間は一年に一カ月という割合で増加したと書いている。「労働者は睡眠や食事というような基礎的な活動にあまり時間を割かなくなっていると思われる。親は子どもに注意を払わなくなっている。ストレスが増大しているが、それは仕事と家庭生活の折り合いがつかなくなっていることが一因である[6]」。

ジュリエット・ショアが一九九〇年代に理解した流れは、そのままにとどまらなかった。二〇一三年、ジョナサン・クレーリーは『24／7——後期資本主義と睡眠の終わり』〔邦訳：『24／7——眠らない社会』、NTT出版〕という本のなかで、北アメリカの大人の一晩の平均睡眠時間は約六時間半で、一世代前の八時間からかなり減っているが、それどころか二十世紀の初めの平均睡眠時間は（信じがたいことだが）十時間であったと、書いている。

この熱狂的自己犠牲はアメリカ人の生活の特徴であり、ピューリタン的アメリカ文化が人生の喜びをあまり知らないことに由来するのだろう。しかしこの三十年間で、このファナティズムは世界的規模の趨勢となった。

二〇一五年六月十日付けの『ニューヨークタイムズ』に掲載された記事で、マーティン・フォードは、テクノロジーの影響が中国の雇用状況にもたらしている印象的な姿を描いている。

二〇一四年、中国の工場における産業用ロボットは世界の約四分の一を占め、二〇一三年よりも五四パーセント増えている。ロボット工学国際協会によると、二〇一七年には、中国に他のいかなる国よりも多くの産業用ロボットが設置されるだろうという。アップルをはじめとする会社向けにエレクトロニクス部品を製造しているフォックスコン社は、今後三年以内に、工場労働の七〇パーセント近くをオートメーション化する計画であり、すでに上海にすべてをロボットで行なう工場を持っている……

中国の工場労働者は、かつてアメリカをはじめとする先進諸国で生じたよりも早いペースで消えることになるだろう。

一九九五年から二〇〇二年のあいだに、約千六百万人の工場労働者が姿を消した。これは製造業にかかわる中国全体の雇用の位置五パーセントに相当する。この傾向は加速化していくだろう。(7)

マシュー・イグレシアスは、『オートメーション神話』(8)のなかで、テクノロジーがこの数十年間に生産性を増大させたということを否定している。しかし彼は以下のことは認めている。

コンピューターの力はだいたい二年ごとに倍加しているとするムーアの法則によると、今後五年間のデジタルの進化によって、これまでの五年間よりも情報処理能力は飛躍的に大きくなるだろう。少なくとも、いずれ生産性における大規模な前進が見られ、それは経済を駆動するのに必要な人間労働の量を実質的に削減することになるだろう。

そして彼はこう結論する。

もっともありそうな結果は仕事が少なくなった世界である。そしてこれはわれわれが恐れるよりもむしろ歓迎すべき世界である。

賃金

私はミシェル・フーコーは一番重要な本を書かなかったのではないかと思うことがある。つまり近代における賃金労働の系譜である。それから、監獄、学校、パノプティコン（一望監視装置）、拷問、生政治的支配、等々といったものについてのフーコーのすべての本は、以下のような一般的主題に収斂する仕事であると、私には思われる。すなわち、人間が延命するために賃金という脅迫を受け入れ、いまもこれに耐えているという事態は、どうして起きたのか？

人は労働や自然の産物を享受する権利を得るのと引き換えに自分の時間を貸し出さなくてはならない、という広く行き渡った確信は自明のことではないし、自然的必然性に基づいていることでもない。ものが欠乏した状態の下では、人々は延命のための基本的物資を買うために必要なお金と引き換えに自分の時間を譲らなくてはならない。しかし今日、欠乏を前提とした体制は不必要である。

もし人間の活動が賃金による脅迫に従属しないなら、何の問題も生じないだろう。技術革新は時間を労働から解放したのであり、この時間はお金と引き換えにすることができない社会的活動に当てることができる。それは、ヘルスケアー、セルフケアー、教育、食事の準備、愛情の交換といったような、誰もが正当性を認める活動である。技術革新はそうした可能性をつくりだしたのだが、しかしわれわれはそれを現働化することができないでいる。それは賃金を自明のこととして問いに付さないからだ。言い換えるなら、労働時間と引き換えに延命することを問題にしないからである。

したがって賃金は迷信のようなものとなり、ものごとを明晰に見る目を曇らせる。労働は生き延びるためにますます必要でなくなっているという現実を直視しなくてはならない。賃金の脅迫は技術革新を社会的悲劇に転化する。つまり知識が競争の道具に切り縮められ、失業を引き起こすということだ。

興味深いことに、賃金形態の古さについての自由な考察がシリコンバレーの理論サークルのなかに出現しつつある。グローバルな認知労働の拠点において、技術知識人のなかにベーシックインカムあるいは生存収入という考えを考察する者がでてきているが、これは延命のためのアクセスと有用な活動を切り離して考えることを可能にする。

シリコンバレーに拠点を置くシンクタンク、Ｙコンビネイターの若き代表サム・アルトマンは、この点で以下のような興味深いアイデアを持っている。

「未来のある時点において、テクノロジーが伝統的労働を排除し続け、巨大な新たな富が生み出されるために、われわれは（ベーシックインカムに）似たようなものを国家規模で見ることになると私は確信している」とアルトマンは書いている。これはまた多くのラディカルな左派の思想家がベーシックインカムを正当化する理論的根拠として使うこともできる。〝完全にオートメーション化された贅沢な共産主義〟と楽しげに命名されたある展望からすると、機械に大半の労働をさせ、利益をそのぶん働かない人々に配分することによって、人間は資本主義に打ち勝つことができるだろう(9)。

生存収入は周縁的《マージナル》な人々のための暫定的な支援策と見なされてはならない。それは自由であるための刺激、したがってわれわれの最良のものをコミュニティーに提供するための刺激として考えなくてはならない。

人間労働が機械によって置き換えられたとき、われわれはわれわれが本当にしたいと思うことをすることを許されることになるだろう。

「人々はヴィデオゲームの前に座って遊ぶことになるのか、あるいは何か新しいことを創造することになるのか？　人々は幸福感に満たされることになるのか？　人々は、空きっ腹をかかえるという恐れがなくなって、もっと社会のためになることをすることができるようになるのか？」[10]。この点が決定的に重要である。すなわち、労働するという罠から抜け出すことは、われわれが何もしないということを意味するのではない。われわれは現代社会がもっと必要としていること——ケアー、教育、愛情の交換、環境浄化——をするようになるのだ。

近い未来において、われわれは、一見どうしようもなく絡みついている金融危機と環境危機に直面することになるだろう。

こうした流れから逃れるには、集合的知性によるしかない。知能労働者が展開することができるテクノロジーのなかにその可能性がある。貪欲な資本主義と新自由主義的体制順応主義が地球を多面的に崩壊の縁に導いている。しかしながら、ラディカルな方向転換の可能性がなくなったわけではない。この可能性は世界規模の認知労働者《コグニタリアート》の協同性のなかに書き込まれている。しかしながら刷新の潜在力は、資本蓄積と賃金労働の迷信を構成する認識論的限界が実践的に取り除かれないかぎり作動することはできない。この限界が、自明とされる事実を別の仕方で見るわれわれの能力を妨害する障害となり一種の無知をつくりだしているのだ。われわれは人間活動を賃金の脅迫から解き放たなくてはならない。この解放は、世界を政治的意志よりも奥深いところから規定している技術－言語的自動装置の再編成への道を切り開くだろう。

資本蓄積からの知識の解放こそが、地獄から脱出するドアを開けることができる唯一の鍵なのである。たとえいま現在、われわれはその鍵を見つけることができないでいるとしても……

第九章　もつれを解きほぐす

自由は中身である。必然は形態である。

トルストイ『戦争と平和』

形態形成

弁証法的思考は歴史を主体間の絶えざる矛盾と見なす。そして歴史を、ある企図に従って社会を形成する支配的主体の最終的確立に至るプロセスと考える。マルクスは〝階級闘争〟という表現の意味を一義的に説明しなかったとはいえ、二十世紀におけるマルクス主義の歴史的経験は、この弁証法的前提に反するかたちで展開された。われわれの時代において、弁証法的方法論は社会進化の複雑さを説明するには不適当になり、もはや政治的行動のための手引きを提供するものではなくなった。

しかし労働と資本はなお根元的な対立概念であり続けている。ただしこの二つの概念は互いに優位的位置を占めるために闘う一貫的実体としての歴史的主体に還元することはできない。

労働者が毎日同じ場所で生涯一緒に働く人々の統合体として存在していたときには、弁証法的方法論は主体化のプロセスを説明するのに有用であったことを、私は否定するものではない。しかし不安定労働が、階級としての自己認識のための必要条件を溶解させるほどまでに労働者を解体した。

不安定労働という状況における主体化のプロセスを再構成するために、私は弁証法的な歴史像を形態形成的説明に置き換えてみたい。私は歴史的過程を、主体の対立領域としてではなく、形態の出現過程におけるもつれともつれのときほぐしの連鎖として見たいと思う。

私は形態形成という言葉を生物学から借用する。そしてこの概念を社会進化の領域に適用することを試みるが、それは社会的な種の形成と定義することができるもの（それまでのコードから脱却する新たな社会的形態の出現）を、古いコードの新たな結合をもたらすにすぎない社会的形態変化のようなものと区別するためである。

さらに私は、創発的出現の過程としての形態形成と世代的発生の過程としての形態形成とを区別したい。創発的出現は、それ以前には存在しなかった連鎖装置が浮上することであり、それに対して世代的発生はあるコードに従った形態の生産である。世代的発生の過程がオートメーション化された形態形成の過程であるのに対して、創発的出現は前例のない形態の自立的表現である。

知識は現在の世界構成のなかでコード化されているパターンの認識と見なすことができるが、

しかし知識はまた、これまでのコードに従わず新たな説明を要するコードを創造するオリジナルな現象と見なすこともできる。

可能性から現実的存在への移行は存在論的フィールドを狭める。そして出来事の出現を可能にする狭い回路だけが、無限ではなくても多次元的ではある可能性のマグマから浮上することができる。

フェリックス・ガタリはこのプロセスを〝カオスモーズ〟と呼ぶ。つまり暫定的な秩序が可能性を孕んだマグマから出現し、この秩序が一時的に他の可能性を排除するということだ。このとき、数え切れないくらいの可能性が失われるが、それはそれらの可能性の主体的潜在力が創造的な形態形成のもつれを解きほぐすために十分に機能しなかったからである。

ギリシャ語で〝モルフェ〟とは、物質が生成する過程でまとう不安定で変移的な形状を意味する。それに対して〝エイドス〟とは、無限に可能な〝形状〟をまとう物を生み出す始原的な形態である。

〝モルフェ〟が受動的な非活性的形態であるのに対し、〝エイドス〟は自発的な活性的属性を持っている。〝形態〟とは、存在の可能的連鎖装置の暫定的組織化、形状化された（受動的）結果を意味する。しかし、この言葉はまた、環境の（能動的）形状化、ある対象に形を与えるプロセスをも意味する。西洋哲学の歴史においては、〝エイドス〟は〝イデア〟という概念として発展した。しかし私が形態生成について話すとき、イデアの観念的先行性を念頭に置いているのではなくて、現在のなかに書き込まれた情報の生成的展開を示唆している。さまざまな形を生み出すひとつの形はゲシュタルトとして機能することができる。このゲシュタルトはわれわれの知覚的反応の先読み的選択に基づく認識的枠組みである。

ハイデガーは『技術への問い』のなかで、「テクノロジーの本質はいわゆる技術的なものではまったくない。テクノロジーは何かを明るみに出す方法である」と書いている。〝認識的枠組み〟が世界を組み立てる。ゲシュタルトはわれわれがものを見ることを可能にするが、同時にゲシュタルトに従わないものを見ることを妨げる。

ゲシュタルトともつれ

ゲシュタルト心理学者（ウェルトハイマー、コフカ、ケーラーなど）によると、知覚はわれわれが外界から受け取る知覚的刺激とわれわれの心の中に書き込まれる生成的形態との関係によって形作られる。ゲシュタルトはわれわれがものを見ることを可能にするが、同時に何か異なったものを見るわれわれの能力をもつれさせる。

ここで形態形成は形態生成と対立する。形態生成という言葉で私が意味するのは、あるフォーマットに従った物の生産のプロセスである。形態形成という言葉で私が意味するのは、現在の世界構成のなかに書き込まれていない形態の出現である。
形態生成は既存の構造の潜在力への中身の従属をともなう。顕在力がゲシュタルトを支配する。そして可能性の状態で存在するもの——もつれたもの——を見えなくさせる格子《グリッド》が機能する。

可能性を現働化させるためには、もつれた潜在力が必要とされる。潜在力は主体が主体そのものの構成のなかに書き込まれた可能性を展開すること、器官なき身体〔ドゥルーズ／ガタリ〕を組織することを可能にする。

もつれは中身を含んだ形態からの中身の解放であり、社会的知識に帰属する潜在力の全面展開である。異なった形態は分離によってのみ（矛盾によってではなく）マグマから出現することができる。

ゲシュタルトはダブルバインドと見なすことができる。すなわち、それはわれわれに何かを見る力を与えると同時に、われわれが何か他のものを見ることを妨げる。ベイトソンの言うダブルバインドにおいては、メッセージの受け手が状況の影響によってメッセージを誤読するような仕方で状況がメッセージを枠にはめる。分裂生成はベイトソンがダブルバインドから逃れるために提案する方法論であるが、それはもつれた形態から分離的に中身の自己組織化を図り、分裂によって生まれた新しい形態を伝染的に（情動的、情報的、美的な伝染）増殖させるということである。

しかし現代的な歴史的条件の下では、ひとつの問題が生じる。すなわち、社会組織の精神がダブルバインドのウイルス的増殖にかくも深く侵されているときに、もつれを解きほぐすことはなお可能であろうか？　またもうひとつの問題もある。社会的精神におけるこうしたダブルバインドの増殖の原因は何であろうか？

私は資本主義を主体性としてではなく、知識・労働・資源を記号的ゲシュタルトに従って構造化するゲシュタルトとして見る。

われわれが目に見える形を見るとき、われわれの心の現在の構造が視覚的見かけをわれわれの心のなかに書き込まれたゲシュタルトに従って判読する。そして、われわれの心が見慣れている形以外の何かを見ることは、われわれにとってほとんど困難になる。

ウィトゲンシュタインは「われわれの言語の限界はわれわれの世界の限界である」と書いている。ゲシュタルトと可能性の文脈から言うと、ウィトゲンシュタインの言明は、われわれの言語はわれわれの経験に属する数え切れないほどの中身の統語的組織化であるということを意味する。こうした内容の可能的組織化という観点からすると、われわれの言語はある一貫性の次元を選択し、この次元がわれわれの経験と知覚の可能性を限定するような言語的組織化となるようにこの次元を強化する。

しかし言語が限界であるとしても、このことは同時にその限界を超えた可能性が存在することを含意する。私は〝過剰〟と思われる言語的創造をもつれを解きほぐす行為と呼びたい。詩はわれわれの言語の限界を超える言語的活動である。

ゲシュタルトは入ってくる知覚的刺激を枠付け、それを形に変える精神的パターンである。ゲシュタルトは異なった枠組みでものを見るわれわれの能力を妨害するとき、もつれとして作動する。ゲシュタルトに潜在的に含まれるもつれさせる作用を乗り越えるために、われわれは離れてものを見る詩的潜在力を必要とする（ヴィクトル・シクロフスキーはこれを〝異化《オストラネーニエ》〟と呼ぶ）。

現在の社会的状況を考えてみよう。経済的パラダイムが労働と知性の関係の内在的ダイナミズムをもつれさせている。経済学は科学であると主張しているが、現在、経済学者は社会的現実を説明できる概念をつくりだしていないし、生産と交換に関する一般法則を打ち出してもいない。彼らは、資本主義の法則を知識・テクノロジー・協業のダイナミズムに基づいて強化するという別の任務を引き受けて報酬を得ているのである。

実際、経済学は科学というよりも、成長、蓄積、利潤という問答無用の枠組みのなかにおける、既存の資源とくに労働の搾取のためのテクノロジーと見なされるべきである。経済的知識は、そうしたゴールに行き着くための社会的・政治的手順の反復を生み出す。

経済的記号化は発明や革新のダイナミズムを現行システムの枠内に留める。システムが目指すのは、生きることを資本の蓄積という価値に転化することであり、良き生活でもなければ、喜びの享受でも、美の探究でもない。さらに言うなら、技術的知識の最良の使用法の追求でもなければ、潜在的可能性の現働化でもない。

われわれは未来の政治的解放の可能性を、悪しき数学たる金融数学から現実を取り出して解放する言語的行為、言表行為として想像しなくてはならない。

二〇〇八年以来政治的エリートの主要な関心事となっているグローバル債務は、二〇一六年にはグローバル経済の二倍以上の大きさになっている。この八年以上ものあいだ、われわれは、なすべき重要なことは債務を返済すること（言い換えれば共有財を金融システムに移すこと）だと言われ続けてきた。そして負債を支払うために、われわれは仕事を破壊し、富を減少させ、学校や健康維持システムのための費用を切り縮めてきた。

ところがその結果、負債は逆に天文学的数字になっている。

これはもはや金融の問題ではなく、記号の問題なのだ。経済的過程を表現しようとする言葉は、もはや生活やテクノロジーや知識の置かれている現実を表わすものではなくなっている。経済的圏域を説明し概念化する言葉は永続的な誤解の源になっているが、それはそうした言葉が地球上における人間生活の現実と符合していないからである。

第十章　一般知性《ジェネラル・インテレクト》の簡略な歴史

そろそろこの本の終わりに近づいている。私はここで私の本当の意図を開示することにしよう。私はこの本で不能《インポテンツ》やそこから脱却する可能性についてのみ書こうと思ったのではない。私は知識について書こうと思ったのだ。

不能と力を超えて、社会の断片化の無数の抗争への転化を超えて、労働の不安定なフラクタル化を超えて、知識は最後には資本主義という悪い夢を追い払うことができる社会的領域である。そのとき資本主義は単にひっくり返されるのではなく、悪夢として忘れ去られ、そこは空っぽの空間になる。

私の知識問題へのアプローチはグノーシス的なものではない。なぜなら私の関心は知識の過程を底支えする主体性の問題にあるからだ。世界規模で結びついた多数の精神の主体性、そして愛情や感性的接触や友情を求める身体の主体性。知識の意識性は未来の解放への道であるが、この道は現在、教育システムや研究システムあるいは創造性の循環回路といったものが私企業化されているために塞がれている。

知識は真理にかかわるものではない。また重要な現実を発見したり展示したりするものでもない。そうではなくて、知識は意味の創造であり、深い意味を現実に投射する技術的インターフェイスを発明することである。

ヘーゲルの絶対知

科学の位置、そして科学的知識とテクノロジーの発達との関係は、近代の初期から哲学的な問いの焦点をなしていた。ヘーゲルが登場してはじめて、科学的知識の問題が主体性の問題と結びついた。ヘーゲルは『精神現象学』（英訳のタイトルは『マインドの現象学』となっているが、これはいささか問題含みである）の「序文」のなかで、この主題について彼の見方を披歴している。(1)

私の見るところ、すべては最終的真理を実体としてではなく主体として把握し表現することに依存している……

さらに、活動的な実体は主体であるような実体である。あるいは同じことだが、この実体は自らを前提とするプロセスにおいてのみ、あるいは自らの状態や位置とは反対のものになることを自ら媒介することによってのみ、現実的かつ現働的になる……

本当の現実は自らにアイデンティティを付与する過程、言い換えれば自分自身を他のもののなかに／なかから反映させる過程であり、それはもともと統一的なものではなく、直接的に統一的なものでもない。それは自らの生成の過程、循環の過程であり、自らの終わりを目的として前提するとともに、その終わりを始まりから持っている。それはひとえに実践されることによってのみ、そしてそれがもたらす終わりの結果によってのみ、正しく現働的なものになる……

真理とは全体である。そして全体とは、それ自身の展開の過程を通して完成に至る本質的性質にほかならない。絶対的なものについて言うなら、それは本質的に結果であり、終わりに至ってのみそれはまさに真理になると言わねばならない。そしてまさにそのなかにこそ、現働的であり、主体であり、自己生成的であり、自己展開的であるようなその性質が存在しているのである。(2)

ヘーゲルの「現象学」は〝マインド〟とはあまり関係がない（だから私はさきほど英訳のタイトルは問題があると言ったのである）。〝マインド〟の活動（身体としての脳、歴史的コンテクスト、認識、コミュニケーション、進歩）は、ヘーゲルのなかで完全に消し去られている。〝マインド〟とは呼べないような何か、いうならば〝スピリット〟（精神）の自己展開の過程だけが残る。理性の自己実現の通る道は環状であり、出発点に通じている。絶対精神が始まりにひかえているのである。「理性は目的を持った活動である……結果は始まりと同じであり、なぜなら始まりは目的だからである(3)」。

知識はヘーゲルにおいては何かを現実に発展させる過程ではなく、決して何かを発明するものではない。それは単に始まりから存在した何かを発見することである。〝絶対存在〟が知識の前提であり結果である。それは知識は最初から〝絶対存在〟の自己展開の過程だからである。

ここには、知識の具体的現れ、矛盾、困難、難問、誤解、発見、発明といった知識の社会的過程は存在していない。ヘーゲルにおいて知識は、単に〝絶対精神〟の自己開示の媒介物にすぎない。

しかしながら、このテクストのなかには、大きな影響力を持つ直観が含まれている。つまり、知識の過程は歴史的過程と切り離すことができないということ、知識の主体の自己展開以外に真理は存在しないということだ。

真理はシステムというかたちでのみ実現されるということ、実体は本質的に主体であるということ、これが〝絶対的なもの〟を〝スピリット〟（精神）として表象するイデーのなかに表現されている……〝精神〟だけが現実である。それは世界内存在であり、本質的存在である。それは目的を引き受け、形を決め、それ自身との諸関係のなかに入る。それは外部性（他性）であっても、自分のために存在する。つまり、この自己規定、この他性のなかにあっても、それはそれ自身の内にとどまっている。それはそれ自身のなかで、それ自身のために、それ自身を内に含み、それ自身としての全体性を持っている。しかしながら、この自己包含性はわれわれが最初に知る何かであり、それの性質のなかに（それ自体として即自的に）潜在的に含まれている。それは〝精神的実体〟である。それはそれ自身のために、自らの利益のために、自らを包含しなくてはならない。それは精神についての知識でなくてはならない。そしてそれ自身を精神として意識しなくてはならない。このことは、それがそれ自身に対してひとつの対象として提示されなくてはならないことを意味するが、しかし同時に、それはこの対象をただちに取り消して超えなくてはならないことを意味する。それはそれが自分自身を反映物と見なすというかたちで自分自身の対象でなくてはならない。この精神的内容がそれ自身の活動によって生み出されているかぎり、精神が精神自身のためにあること、そして精神自身にとって対象的であることをわれわれ〔思想家〕だけが知っている。かくして、この自己産出、純粋な概念は、精神の対象化が作動する領域である。またそこでは精神は自分自身の存在的形態をとる。こうして精神は、自分自身が反映された対象として自分自身を意識した存在のなかにあることになる。このように発展した、自分自身が〝マインド〟であることを知る〝マインド〟が、知的科学である。知的科学は精神の自己実現であり、精神が自分自身の固有の領域のなかで自分自身のために設立する王国である。(4)

労働としての/労働からの解放としての知識

私の見るところ、もっとも重要でありながらあまり知られていないマルクスのテクスト『グルントリッセ(経済学批判要綱)』のなかで、知識の問題はきわめて重要である。マルクスは科学的知識を労働過程に結びつけ、とりわけ機械装置の導入をそこに絡ませている。

機械装置において、資本による生きた労働の領有は直接的な現実となる。それは第一に、知的科学から直接生まれる機械的・化学的法則の適用である。この適用が、労働者が行なうと想定されているのと同じ労働を機械が行なうことを可能にする。しかしながらこの道に沿った機械装置の発達は、大工業がすでに高い水準に到達し、すべての知的科学が資本に奉仕するように押しやられているときにのみ起きる。そしてまた、調達可能な機械装置がすでに大きな能力を提供していることも必要である。こうして発明はビジネスとなり、

直接的生産への知的科学の適用は生産を規定し要請する展望となる。(5)

機械は生きた労働の領有ならびに支配のための道具であるが、また社会を労働の必要性から解放するための条件でもある。

一方では、次のようなことである。

労働者の活動は単に抽象的な活動に切り縮められ、あらゆる面で機械の運動によって規定され統制される。その反対ではない。構造上もともと生気のない機械装置の四肢を服従させ、自動装置《オートマトン》として目的に向かって作動させる知的科学は、労働者の意識のなかには存在しないが、外来の異質な力としての機械を通して、そして機械そのものの力によって、労働者に働きかける。

しかし他方では、次のようなことである。

この過程を通して、定められた物の生産に必要な労働の総量は最小限に減らされるが、しかしそれはひとえに、そうした物を最大限つくるために最大限の労働を実現するためである。最初に述べた側面が重要である。なぜなら、資本はここで——ほとんど意図せずに

——人間の労働を削減し、エネルギーの消費を最小限に減らすからだ。これは解放された労働にとって益をもたらすものであり、労働の解放のための条件である。[6]

労働からの生きる時間の解放は自然な過程ではない。また必要労働の削減は、生きる時間の搾取からの現実的解放に必然的に達するわけではない。

自然は、機械も機関車も鉄道も電信も自動精紡機もつくることはできない。これらは人間の労働の産物である。人間の意志によって器官に変化させられた自然の物質は、自然や自然への人間の参加を超える。それらは人間の手によって創造された脳の器官である。いわば知識の力が具体化されたものだ。固定資本の発展は、一般的な社会的知識がどれほどまで直接的な生産力になるかを示すものである。それゆえにまた、社会生活の変化過程の条件がどれほどまで一般知性（general intellect）の統制下にあるか、そして一般知性とともに変化するかを示すものでもある。社会的生産力は、単に知識のかたちにおいてのみならず、社会的実践や現実生活の過程の直接的器官としても、どれほどの強度に達しているかを知らねばならない。[7]

マルクスはこの謎めいた予言で、未来の歴史を要約しているのだが、今がその未来である。

このテクストにおいて、一般知性はもつれを解きほぐす行為者《アクター》として想定されている。しかし一般知性はレディーメイドの行為者ではない。一般知性はむしろ来たるべき闘争、来たるべき創造のフィールドである。それは二十一世紀の任務、すなわち新自由主義の靄や脳を失った同一的身体の腐臭を越え、そして現在世界を窒息させているどうしようもない代替案を越えていく任務を担っているのだ。われわれは現在、マルクスが「機械についての断章」で素描した謎めいたヴィジョンがわれわれの問いと探究のための唯一の政治的地図となっている時代を生きているのである。

一般知性《ジェネラル・インテレクト》という概念についての覚え書き

マルクスは精神的諸作用のあいだの協同という概念を表現しようとしたとき、なぜ英語〔General Intellect（ジェネラル・インテレクト）〕を使ったのだろうか？　私には皆目わからない。マルクスはしばしば非ドイツ語（イタリア語、フランス語、英語）の言葉を使う。しかしこの場合、彼にはそうするだけの強い理由があったのだと私は思いたい。

彼が〈*Allgemaine Vernunft*〉というドイツ語を使ったら、ヘーゲルと〈*kokkettieren*〉（なれ合っている）と思われただろう。

それはマルクスの望むところではない。彼はヘーゲルに関心があるわけではない。マルクスには絶対理性の精神的な真理への生成という問題をあつかう気はない。マルクスは、あらかじめ意図的に書き込まれた合理性を実行するのではなくて、さまざまに異なった多様な（矛盾を孕んでもいる）知的企図に従って知識の諸断片を結び合わせる知的労働者の社会的協業について論じているのである。彼らの意図はあらかじめ書き込まれた全体性に収斂されるものではない。彼らはいかなる究極目的《テロス》をも追求するわけではない。認知労働者《コグニタリアート》の活動における強いられたテロスの埋め込みは、制限や支配といった顕在力の固有の作用によるものである。私企業化にともなう教育システムの新自由主義的改革は、研究活動を経済ドグマに従属させることを意図している。

来たるべき闘いは、経済的パラダイムの認識論的・実践的ヘゲモニーから知識の自立をいかにして勝ち取るかということをめぐるものとなるだろう。

知識の自立は哲学的問題ではない。それは社会的問題であり、記号的機械の内部で価値を生み出す認知労働者という具体的な社会的行為者《アクター》の具体的な潜在力に基づいたものである。

知識の自立は一般知性を作動させる人々の自立を前提とする。

マルクスが英語で general intellect という二つの言葉を書いたとき、彼は彼の同時代には存在しなかったテクノロジー的環境を想定していた。それから百年以上のち、われわれは、この環境と遍在化した機械が世界規模のネットワークとなり、それが地球全体に広がる意識的・感覚的作動主体によって遂行される記号的行為（研究、発明、コミュニケーション）の持続的再結合を可能にしていることを知っている。

心の病

一九六四年十二月二日。カリフォルニア大学バークレー校。キャンパスの中央広場に集まった五千人の学生が、大学当局の理事長との折衝について語るマリオ・サヴィオ（フリースピーチ運動のリーダー）の話に耳を傾けていた。

われわれが善意のリベラルを自称する人物から受け取った返答は以下のようなものだ。「会社の取締役会への反対意見を公表する部長を君は想像できるかい？」これが答えなんだ！

そこで君たちに考えてもらいたい。ここが会社なのかどうか、そして大学の理事会が取締役会なのかどうか、またカー学長は会社の部長なのかどうか。もしそうであるなら、大学は従業員の集まりであり、われわれは原材料であるということだ！　しかしそれは、われわれは原材料であっても原材料のままでいることを意味しない。われわれには変化のプロセスがある。それはわれわれがなんらかの製品になることを意味するわけではない。大学の顧客が政府であれ、会社であれ、労働組合であれ、誰であれ、大学の顧客に買われて終わることを意味しない。われわれは人間なんだ！

機械の働きが不快きわまりなくなり、人を心の病にする時がある。君たちはそうなってはならない！　君たちは君たちの体をギヤや車輪やレバーなどすべての既存機構の上に乗せている。しかし君たちはその機械をストップさせることができる。そして機械を動かしている人々、機械を所有している人々に向かって、君たちが自由でなければ、機械はけっして動かないだろう、と知らせることができるのだ！(8)。

この日から五十年が過ぎた。世界はまさにマリオ・サヴィオがそのとき恐るべき可能性として感じ取っていた方向に変化した。

私は彼の言葉のなかに、知識と資本主義経済との関係についての、そして大学と研究の私企業化と従属についての驚くべき先見の明を見る。のみならず、そこに一九六四年に始まっていた運動の成りゆきに対する一種の予感を感じ取る。すなわち、一九六八年という伝説的な年に世界中で起きた学生運動である。

サヴィオのスピーチのなかで私が強調したい第一の点は、大学が会社である（会社になりつつあった）こと、そして利潤を主導原理とする経済的存在であることを、彼が理解していることである。顕在力（軍隊と経済）と知識との関係は、一九六〇～七〇年代に運動に巻き込まれた学生、研究者、知識人の意識のなかで重要な主題だった。しかしその関係は、三十年にわたるデジタル革命のなかで決定的に重要なものになった。

サヴィオのスピーチのなかで興味を引く第二の点は、彼が心の病について語っていることだ。知識、創造性、言語は労働になった。デジタルな記号作用によるグローバル・ネットワークのなかで、脳は主要な労働力である。しかし同時に、その脳の活動は社会的存在としての身体から分離されている。脳の労働は心を失った金融のルールに従属し、この従属が多くの仕方で人々の心の病を引き起こしているのである。

マリオ・サヴィオと彼の仲間たちは研究がベトナム戦争の利害に従属することに抗議した。しかしいまや戦争は認知的な生産領域の周辺で増殖している。そして競争が日常生活のあらゆる部分で戦争を煽りたてている。

私に感銘を与える第三の点は、サヴィオが示唆している人の身ぶりである。つまり彼は、われわれの身体がギアや車輪、レバー、すべての既成の機構に乗っかっていると見立てている。だからわれわれはそれを止めることができると言うのだ。ギア、車輪、レバー。これはまさに六八年の運動が顕在力の機械装置について理解したことと同じである。旧来の工場や労働者階級は社会的紛争についてのわれわれの想像力の源泉であった。それはわれわれがチャップリンの映画や工業的風景から抽出した想像世界であった。

このことがわれわれが重要な点を捉えそこなった理由である。そしてこのことが、六八年の文化的うねりが多くの点で社会生活に深い変化をもたらしたにもかかわらず、搾取機械を解体することができなかった理由である。

ベイエリアの主要大学の雑踏のなかで、若者たちは一緒に耳を傾け、参加し、息をしていた。彼らの多くは、その後、グローバルネットワークの創設に至る過程の先導者になった。スティーヴ・ジョブズもスティーヴ・ウォズニアックもおそらくそこにいた。しかしこの運動は、もっとも重要なことは認知機械を確立することであることを理解しなかった。

この運動の政治的文化のなかで工業主義的空想が優位を占めていたために、われわれは一般知性の自己組織化という長期持続的な過程を出発させる機会を逃したのである。

この運動の分散に続く年月のあいだに、運動に巻き込まれた人々（反戦ヒッピーや活動家、アナキスト、仏教徒、ウェザーマン、ブラックパンサーといった人々）は社会の全面的変化のなかでそれ相応の役割を果たした。彼らは一方で職業人としてハイテクネットワークを構築したが、他方で活動家として十九世紀的な工業主義的空想の罠に落ちた。

戦争への知識の従属と等しい利潤への知識の従属を回避する唯一の可能性は、一般知性を社会の必要《ニーズ》と結びつけることである。しかしわれわれは政治革命という旧来の概念の罠にかかっている。

労働のオートメーション化と知識

一九六四年以来、認識とオートメーションの関係は、知識と経済、テクノロジーと戦争を巻き込んだ決定的に重要な問題となった。

オートメーションはあるときは人間的企ての強化、またあるときは人間の魂の奴隷化と見なされてきた。

一九六〇年代、ヨーロッパ起源の批判理論は技術的・自由主義的カリフォルニア文化と融合し、オートメーションの両義的可能性に関心を集中した。

ヘルベルト・マルクーゼは、オートメーションの展望に対立的ではあるが相互補完的でもある観点からアプローチした二つの本を刊行した。『エロスと文明』と『一次元的人間』である。『エロスと文明』のなかで、マルクーゼは、労働の技術的オートメーション化は社会生活を疎外から解放するプロセスの条件でありうるという考えを表明した。「労働の漸進的削減は不可避であると思われる。そしてそのためにシステムは、労働しなくてもよい場所を提供しなくてはならない。システムは市場経済を超え、市場経済と両立しない必要《ニーズ》を発展させなくてはならない」[9]。同じ著書のなかで、この哲学者は、未来の生産のなかで、しかし同時に搾取に抗する社会運動のなかで、認知的労働が果たすことを求められている突出的機能を強調している。

組織化された労働者が現状を擁護するのに応じて、そして生産の物質的プロセスのなかで労働が占める割合が低減するのに応じて、知的な技能や能力が社会的‐政治的なファクターになる。今日、科学者、数学者、技術者、産業心理学者、世論調査員といった人々の経済協力への組織的拒否は、もはや労働者のストライキが——大規模なストライキでも——達成することができないことを首尾よく達成することができるだろう。そしてそれがひとたび達成されたら、逆転が始まり、政治的行動への土壌が準備されることになるだろう。(10)

マルクーゼは、テクノロジーの解放力と科学者や技術者の組織化された拒否を結びつけながら、フロイトが文明の決定的特徴と見なしていた疎外と不満を克服する可能性を素描している。マルクーゼを反権威主義的運動の体現者として押し上げた本『一次元的人間』においては、これとは展望が異なっているように思われる。焦点はなお知的労働の決定的に重要な機能にあてられているが、この本では、それは解放力としてではなく、支配と統制の道具として描かれている。

現代社会の能力(知的・物質的)はかつてとは比べものにならないほど大きくなっている。このことは、個人に対する社会の支配の範囲がかつてとは比べものにならないほど大きくなっていることを意味する。われわれの社会は、生活の能率と生活水準の向上という二つ

の基盤において、テロルに優るテクノロジーの持つ社会的遠心力を獲得したことにおいて際立っている。(11)

テクノロジーが社会的統制の組織化においてテロルに取って代わったのである。これが人間が一次元的になった理由である。

〝全体主義〟は単にテロルを使った社会の政治的調整ではなく、同時に経済的‐技術的な調整でもある。そしてそれは既得権益による必要《ニーズ》の操作を通して行なわれる。それは全体性に対する効果的な対抗的勢力の出現を前もって不可能にする。特定の統治形態あるいは党の規則だけが全体主義を生み出すのではなく、さまざまな党や新聞など、対抗的勢力をともなった〝複数主義〟と共存しうる特定の生産・分配システムもまた、全体主義を生み出すのである。(12)

技術的・科学的生産性の動員と搾取は、マルクーゼが、知識とテクノロジーの構成におけるジレンマを孕んだオートメーションの性質を指摘しながら予見した新たなハイテク全体主義の条件である。

新自由主義の勝利、労働者運動の壊滅——この三十年間われわれが生きてきた破局的な転換

――は、一般知性の服従に通じる。これがマルクーゼが、テロルではなくオートメーションに基づいた、そして何よりも知識の征服に基づいた未来の全体主義についての本――『一次元的人間』――のなかで予言したことである。

知識の新自由主義的征服

二十世紀の後半、大衆教育は社会的動員の理論的原理に現実的な基盤を与えた。プロレタリアの子孫たちは大学に入ることができ、自由な職業を選択することができるようになった。これが大規模に起きたことは初めてのことだった。しかしそれは永遠に続くものではなかった。実際に、二十一世紀に入ると、平均賃金は下がり続け、高等教育への出費がむずかしくなったため、こうした社会的動員はスローダウンした。そして教育システムは私企業化のプロセスを辿ることになった。そのうえ、教育システムはその性質を変えつつある。新自由主義改革の精神からすると、教育はもはや技術的技能とヒューマニズム文化を統合するための空間ではない。それは単なる専門知識の獲得のための空間であり、連帯や社会的意識ではなく個人主義や競争意識を育む空間なのである。

ここに、教育プロセスの新自由主義的改革による人間の未来の最終的砂漠化の危険が横たわっている。技術的育成と社会的教育の分離への流れがこのまま進むなら、第二世代の自立的自己意識は社会的次元で跡形もなく消え去り、近代文化の遺産は骨董屋のための残り物にすぎなくなり、一般知性は永遠に支配されることになるだろう。

大衆教育は単に資本主義体制の下における社会的動員のための条件にとどまらず、労働者階級の解放への道をも開いた。労働者による労働の拒否は一般知性と結びつき、そのためジレンマを含んだ状況が生じて、その結果は予測不可能であった。一九六八年の学生運動は当初一般知性の反乱と見なすことができた。学生と労働者の連帯は単にイデオロギー的なものではなく、共通の可能性を分かち持つ二つの社会的主体の結合でもあった。工業労働者は労働時間の削減に向かい、学生は肉体労働の奴隷状態からの全面的解放の技術的可能性を告げる認知労働の知的潜在力の先駆けであった。この労働の拒否と技術革新との結合は、デジタル革命と情報機械による工業労働の置き換えへの道を準備した。しかしこの解放の過程は前世紀末の時点で崩壊し、記号資本主義の金融的形態へと転換した。それは新自由主義的反革命が一般知性の力を労働者の自立とは逆方向にねじ曲げたからである。

労働時間の全般的削減への道を準備した生産性の増大は、搾取の増大のための道具に逆転させられた。労働時間の制限は除去され、個人的労働時間の増大の結果として失業が広がった。その結果、一般知性の潜在力は労働者全体の最大の福利とは逆方向に向かうことになった。

認知労働が価値化の主要な力になったため、経済権力は認知労働者《コグニタリアート》を業績イデオロギーあるいはメリトクラシー（成果重視主義）に従属させ、知的勢力の社会的連帯を破壊しようとした。それは知的卓越性にお金で報いるので、メリトクラシーの概念は新自由主義イデオロギーのトロイの木馬として機能することになる。メリトクラシーは競争を助長する不安定労働の温床である。諸個人が生き延びるために闘うことを強いられるとき、知的・技術的能力はひとえに経済的対決に切り縮められる。連帯精神が壊され競争がルールになるとき、研究や発見は喜びや連帯から切り離される。

じつに不幸なことだが、メリトクラシーは無知への刺激にもなるのである。

業績評価が権威によって承認されるために、また評価基準が力を持っている人々によって定められるために、学習者は既存権力に見合った評価基準を受け入れるように誘われる。教育は本来社会的自立のもっとも力強いファクターであった。しかしわれわれがメリトクラシーを受け入れるなら、われわれは学習過程の自立性を放棄し、われわれの学習の評価が完全に他者の手のなかにあることを受け入れることになる。

知識の従属過程における決定的な移行は、現在公教育システムの解体、大学の私企業化、その結果としての研究活動の金融経済の運用ルールへの服従として現れている。それは、知識の生産と伝達を行なう機関の自律性を侵害する経済的事由の認識論的優位性原理をもたらす。近代的大学の決定的な特徴は知識の自立（とくに神学の優位性からの自立）である。しかし、現代社会における経済の優位性の押しつけが知識の自立を解消することになった。実際、経済を普遍的な評価基準とすることによって、学習と（経済的）絶対真理との関係のなかに一種の神学が再確立された。

二十世紀の終わりに至って、大学の危機があからさまになった。近代ヒューマニズムはネットワーク化された情報領域に対処できないことが明らかになった。われわれが近代において知っていた大学はネットワーク化された情報を処理するのに不向きであり、ヒューマニズムの遺産は再構成されなくてはならなくなった。

金融技術的理性がこの再構成を引き受けた。公教育は新自由主義の支配的階級によって貧弱にさせられた。公教育は解体され、不安定化し、ついには学習者にとって意味のない断片化した技能や能力の市場による再結合システムに置き換えられた。刷新的思考が称揚されるが、それはひとえに私的利益と無限の経済成長という神学的ドグマの枠組みのなかでのみ許容されるものである。

第十一章　一般知性《ジェネラル・インテレクト》のダイナミズム

フィロ・ファーンズワース

科学的発明とテクノロジー的革新が経済的・認識論的なもつれから解放されないかぎり、そして科学技術労働者が賃金を追い求め、彼らのアイディアを発展させるために企業のサポートに頼らざるをえないかぎり、知識は決して自立的になることはないだろう。

知識の自立性を守ることはわれわれの時代のもっとも重要な問題である。それは企業による世界の荒廃とグローバルに広がる自己同一性に基づく内戦を克服する唯一の道である。そしてそれはまたわれわれの時代の可能性の地平でもある。

前世紀を通して、発明家は自分たちの発明の仕事の機能を知りコントロールする能力を徐々に喪失し、利益のルールに従属していった。彼らの仕事は断片化され、彼らの教養は彼らの発見の認識論的影響や彼らの創造の社会的帰結に全般的に無頓着になるような仕方でモデル化されていった。

フィロ・ファーンズワース〔完全電子式テレビを発明したアメリカの発明家〕（一九〇六～一九七一）を知る人はほとんどいない。

後期近代文化のもっとも有名なメディアの誕生について知る者はほとんどいない。なぜなのだろうか？

それはテレビの発明が所有権の剝奪の物語だからだ。発明家の仕事の産物がアメリカ・ラジオ会社（RCA）によって、つまり第二次世界大戦前にこの企業の社長をしていたデイヴィッド・サーノフによって盗まれたのである。

私がここでファーンズワースを思い起こしたいのは、彼の物語が企業の貪欲さと知的作業の関係に対する完全なメタファーになっているからである。

フィロはユタ州で生まれ育ち、SFを愛好する少年であった。彼は成長してから、イメージの電子的伝達の技術を探究し始めた。

ある日彼は妻のペンに、彼がつくっているテクノロジーは、人々に世界の遠く離れた場所で何が起きているかを直接見る能力を与えて平和をつくりだす真理の機械になるだろうと話した。彼のなかには知的冒険者としてのユートピア的側面があったが、同時にそれは、資本主義に対する、また自分の仕事——とくに知的仕事——の産物の私的所有権に対する素朴な信仰と混じり合っていた。

エヴァン・シュワルツは *The Last Lone Inventor*〔二〇〇三年刊行〕という本のなかで、フィロ・ファーンズワースの物語を辿り直している。ファーンズワースは彼が〝イメージディセクター（イメージ解剖器）〟と呼んだもの、つまりテレビジョン・テクノロジーの創造の過程で原型となる機械装置を二十世紀に発明したエンジニアであった。

シュワルツによると、事態は以下のようなことである。

〔ファーンズワースは〕この発明自体のプロセスが変わっていくことを十分にわかっていなかった。この発明は先行きどうなるかわからない一個人の手に負えないあまりにも大きなものであり、また利益をもたらすものであった。前世紀のあらゆる新技術の周りに出現した巨大企業は、未来をコントロールしようとし、彼らの帝国をぐらつかせるような非常事態を避けようとしていた。そして彼らは外部の発明家との特許権の交渉にしだいに不満を抱くようになっていた。彼らは発明の仕事を自分たち自身でやることを決め、二十世紀の最初の二十年のあいだに、企業の研究ラボラトリーを創設し始めた。(1)

アメリカ・ラジオ会社（RCA）の会長デイヴィッド・サーノフは、ファーンズワースの発明の潜在的力に気がついていた。そして彼はファーンズワースにその装置の権利を買いたいとオファーした。ファーンズワースは最初このオファーを拒否した。

ある日、ファーンズワースが自分の機械装置を完成しつつあったとき、RCAのエンジニア、ウラジミール・ツヴォルキンが正体を偽ってファーンズワースのラボラトリーに姿を現わし、そこで見知ったことをデイヴィッド・サーノフに報告した。

こうして、この発明はRCAによって盗まれ、RCAの手に渡ることになったのである。そのとき紛争が起き、ファーンズワースは企業による特許法の侵害の調査のために議会に召喚された。

ファーンズワースはビジネスをも政府をも信用していなかった。彼は自由競争と市場のダイナミズムが所有権の剝奪に行き着くという考えを受け入れなかったが、自由競争の問題で公権力に頼ろうとはしなかった。悲しいことに、彼は資本主義を信じていた。そして疲れはてた。

一九三九年九月、ニューヨーク万国博の開始にあたって、RCAはマンハッタンの町にテレビスクリーンを設置し、フランクリン・デラノ・ルーズベルト大統領の演説を放映した。ファーンズワースはこのスクリーンの前に集まった多くの市民のなかのひとりであった。

国家が個人の創造したものの所有権を保証するという考えは、最初一四二一年にフィレンツェで主張された。アメリカでは、ベンジャミン・フランクリンが知的所有権の原則を憲法に導入した。特許法は十九世紀には実際によく機能した。しかし一九三〇年代になると、企業が科学者の仕事から金を引き出すために、そして科学者の活動を経済的原理に従属させるために、発明の過程をコントロールするようになった。

ファーンズワースは発明と資本の関係を把握しきれず、企業にコントロールされた技術革新の力を過小評価していた。

二つの異なった技能が、こうした発明力の搾取の過程に関係している。ひとつは科学者や技術者や記号労働者の複雑で具体的な能力である。これは知識の特殊形態の無限の裾野で展開される能力である。もうひとつは会計士や法律家や無法者によって支援された投資家の野蛮な能力である。

マネーゲームのなかで誰が勝者になるか？　それは言うまでもなく、物理学や化学やメディアや金属工学やファッションや芸術などについて具体的に何も知らなくても、他者の仕事や教養の略奪の仕方についてはすべてを知っている資本家である。資本家の人生は知識のもたらす無限の豊かさをお金のもたらす無限の不幸に変えることに捧げられている。

キャラクター

知識人、商人、軍人は、われわれが近代と呼ぶ叙事詩における主要なキャラクターであった。軍人と商人は知的力量を戦争と蓄積の求めるものに従属させてきた。そうした従属的知的機能を果たすために、知識は断片化され、知識の社会的担い手も同じように断片化された。ヒューマニストの多次元的教養は、エンジニアのアーティストからの分離、アーティストの哲学者からの分離といったかたちに置き換えられた。

知的共同作業はますます技術的に行なわれるものになった。一般知性はネットワーク化された情報機械によって機能的に再結合されるようになった。

知的生活は、一九六〇年代までは、いわゆる〃二つの教養文化〃――科学技術的知識と歴史的・政治的人文学――の交換空間であった。やがて専門化のプロセスが極端に進み、知的交換の共通の土壌が消えていった。誰もが孤立と競争の下で忙しく働き、エンジニアと詩人は決して出会うことのない二つのかけ離れた領域に属するようになった。

しかしながら、知的機能は内的紛争を抱え込むことになり、そのダイナミックな展開は分析に値する。

私は、アーティスト（芸術家）、エンジニア（技術者）、エコノミスト（経済学者）を、一般知性と呼ばれる寓話の主要なキャラクターと呼びたい。彼らの物語は知的生活の社会的ダイナミズムの核心に位置している。

アーティストは、純然たる科学者と同様に、新しい概念や新しい知覚の創造者であり、社会的経験の新たな可能な地平を開示する。アーティストは接続の言語を話す。アーティストの創造においては、記号と意味の関係は慣例的に固定化されたものではなく、実践的に入れ替えられ絶えず変化していく。

エンジニアはテクノロジーのマスターであり、概念を具体的計画に変え、具体的計画の手順(アルゴリズム)をつくる知識人である。エンジニアは連結の言語を話す。記号と意味の関係はエンジニアリングのなかに慣例的に書き込まれている。エンジニアは機械のプロデューサーであり、概念と連携して作動するアルゴリズムや物理的要素を技術的に結合する。

現代の一般知性の第三の登場人物はエコノミスト、すなわちエセ科学者にしてまぎれもない科学技術主義者であり、彼らの職務はアーティストとエンジニアを引き離し、アーティストとエンジニアをその専門化した領域のなかに閉じ込めることである。

エコノミストは科学者というよりも聖職者である。彼らの言説は他の知識人の活動を経済発展のルールに従わせることを目指している。彼らは社会の悪しき行動を告発し、人々が負債を返すように促し、インフレや不幸を罪に対する処罰であると脅迫し、成長・競争・利益のドグマを崇敬する。彼等の科学的慣習は経験にも純然たる概念的抽象化にも基づいているものではなく、従来の経済構造の頂点に位置する社会階級の固有の利害に基づいている。エコノミストの方法論は科学とはほとんど関係がない。科学とは、経験的現象の観察から一般法則を引き出すことを目指すドグマから解放された知識形態であり、この外挿法から次に何が起きるかを予測する力を引き寄せるものである。しかし科学は同時に、いかなる因果律的決定論をも超え、トーマス・クーンがパラダイムシフトと呼んだ類の変化を理解することができる。これは技術革新が本質的に知識の既成の限界を侵犯するものであることを意味する。

私が知るかぎり、経済はこのような定義説明に対応するものではない。エコノミストは成長・競争・GDPのドグマ的概念に取り憑かれていて、彼らは社会生活をこれらのドグマと一致させようとする。加えて言うなら、エコノミストは現実の観察から法を推定することができない。というのは、彼らは現実の方が彼ら自身の前提に一致することを好むからである。その結果、彼らは何ひとつ予測することができない——変化や偶発性を予測することができないエコノミストの無能はよく知られたところである。結局、エコノミストは社会的パラダイムの変化を認識することができず、その変化に従って彼らの概念的枠組みを変えることを拒否する。その代わりに、彼らは現実の方が彼ら自身の時代遅れの指標に適合するように変化することを求める。物理学、化学、生物学、天文学といったものは、現実の具体的な領域を概念化するが、経済やビジネスの学校で教えたり学んだりする主題は、テクノロジー、一連の道具や処理手続き、実用的しきたりといったものであり、それらは社会的現実を実用的目的——利益、成長、蓄積、顕在力など——のためにねじ曲げるためのものである。経済的現実などは存在しない。それは技術的モデル化過程、服従と搾取の過程から生まれた結果なのである。

こうした経済的テクノロジーを支える理論的言説は、特殊な政治的・社会的ゴールを目指す理論的テクノロジー、イデオロギーとして定義することができる。経済的イデオロギーは、すべてのテクノロジー同様、自己省察的ではない。したがって理論的な自己理解を展開することができない。それはパラダイムシフトとの関係で自らを組み立て直すことができないのである。

エコノミストはエンジニアを混乱させる。エンジニアリングは科学者やアーティストの概念的創造を社会生活の組織化のための技術的〝装置〟へと導くテクノロジーである。しかし後期近代に至って、エンジニアリングは経済的指令に従属するようになり、機械の技術的潜在力はもっぱら経済的決定に切り縮められることになった。

エンジニアがエコノミストにコントロールされると、エンジニアは人間の時間や知性を利益の最大化、資本蓄積、戦争といったものの利害関係に従って機械を生産するようになる。エンジニアがアーティストと向き合うと、エンジニアの機械は社会的有用性や労働時間の削減のための方向に向かう。

エンジニアがエコノミストにコントロールされると、エンジニアの地平は経済成長になり、既成のコードと合致するようになる。エンジニアがアーティストと結合すると、エンジニアの地平は自然と言語の無限の可能性となる。

資本主義はもはや認知的生産の社会的潜在力を記号化したり組織したりすることはできない。経済的概念化は経済を横断し超える次元を求める社会の知的潜在力にとってあまりにも狭隘なのである。

工業的生産から記号的生産への移行は、資本主義がおのれ自身の外部へ出ること、おのれのイデオロギー的自己概念の外部へ出ることを促す。経済的記号化は一般知性の潜在力のもつれを生み出した。

問題は以下のようなことである。知識は経済的パラダイムによる記号的支配から本当に自らを解き放つことができるだろうか？　エコノミストはエンジニアを完全に支配し、アーティストを捕獲したのか？　あるいはエンジニアは経済的限界からわが身を解き放ち、テクノロジーを科学や芸術の高度な直観——そして共有化された感性——に従って組み立て直すことができるだろうか？

第十二章　発明

精神的隷属からおまえを解き放て

ボブ・マーリー『レデンプション・ソング』

われわれは新しい世界を創造しようとしているのだが、われわれはそれを所有しない。われわれが創造しようとするものは他のものの抵当、他者の利害の抵当に入っている。われわれだけが発見することができる世界の意味を独占しようとする国家や企業の抵当にだ。われわれはわれわれが生産するものを所有しない。われわれが生産するものがわれわれを所有するのだ

マッケンジー・ワーク『ハッカー宣言』

もはや働かないこと

マッキンゼー・グローバル・インスティチュートは最近次のように推定した。人間の労働者によって行なわれていたすべての仕事のうち四五パーセントがロボットが行なうように

なるだろう。これは年間賃金二百京ドルに相当する。しかしテクノロジーは、さらに効率的な製造をすることによって、ハンバーガーから自動車に至るまで、世界中のほとんどあらゆる商品のコストダウンを追求している。[1]

パラダイスは手の届くところにあるのか？　残念ながらノーである。なぜなら現在のゲシュタルトはこの可能性と合致しないと思われるからだ。技術的可能性が文化的見通し、とりわけ経済と呼ばれる記号化の枠組みと一致せず、その記号的枠組みが資本主義の解釈システムの基本として密かな実体となっているからである。

スルニチェクとウィリアムズは*Inventing the Future*〔二〇一五年〕という共著のなかで、ポスト労働世界を到来させる道を模索しながら、現在の労働風景と出現しつつある傾向を描いている。

最近のオートメーション化の波はアルゴリズムの増大に（とりわけ機械によるディープ・ラーニングにおいて）顕著に現れている。これは第二の機械時代としてのロボット操作の急速な発展、コンピューターの力による冪乗法的成長（ビッグデータの源泉）によるものだが、これが機械が行なうことができる仕事の幅を大きく広げている……新しいパターン認識テクノロジーが、ルーチン・ワークも非ルーチン・ワークもともにオートメーションに従属するような方向に変えている。複合的コミュニケーション・テクノロジーは、ある種の熟練を要する知識作業において、人間よりもコンピューターを重視している。またロボット操作の前進は幅広い手仕事の領域においてテクノロジーを優先している。(2)

これは真実であるが、現実の世界では難問が残っている。われわれは未来の可能性（ポスト労働社会）を現在の経済構造や人々を支配している見通しから、どうやって解放したらいいのかわかっていない。

スルニチェクとウィリアムズは、無条件のベーシックインカムと労働節約テクノロジーの完全実施の可能性を現働化するために、左翼を再建することを提案する。私の見るところ、これはいささか甘い希望的観測である。左翼の政治的力ではなくて、資本主義から社会が文化的に自立することこそが、世界規模で起きている労働者の疲弊と力の喪失を逆転させることができる潜在力を持っているのである。

スルニチェクとウィリアムズは、われわれは「全面的オートメーション化を要求し、普遍的ベーシックインカムを要求し、労働日の削減を要求するべきである」と述べている。しかし彼らは誰がこれらの要求の受け皿であるかを説明していない。

これらの要求を受けとめ実行する意志決定ができる統治機構が存在しているだろうか？　存在しないだろう。なぜなら、統治は政府が行なうのではないからだ。そして指令は政治的決定のなかに書き込まれるのではなく、技術－言語的自動化の連結装置のなかに書き込まれるものだからである。そうであるがゆえにこれらの要求は無意味であり、また政治的党派を建設することも無意味なのである。

知識とテクノロジーの中身のもつれを解きほぐすことができる潜在力を持っているのは、この中身を生産する者たちである。すなわち認知労働者《コグニタリアート》である。彼らがおのれの活動と協同を資本蓄積のゲシュタルトから解き放つことが唯一の道なのである。

彼らが必要としているのは、機械を解体し再プログラム化する方向に向かう世界中の認知労働者の自立的協同のための技術綱領である。そしてもうひとつ、彼らにとって必要なのは、自らの潜在力を自覚することである。

発明とパラダイム

トーマス・クーンは『科学革命の構造』のなかで、「通常科学《ノーマルサイエンス》」を「目的を首尾よく達成するための高度な累積性を持ったくわだて、科学的知識の視野と精度の確実な拡張」と定義している(3)。科学革命とは、こうした既成の知識を新たなパラダイム的枠組みのなかで組み立て直すことである。

クーンのパラダイムは世界モデルの基本的前提であり、パラダイムシフトは観点の置換を意味する。クーンは次のように書いている。「競い合うパラダイムの根元的比較不可能性は……競い合うパラダイムの支持者がそれぞれ異なった世界で事を行なっているということである[4]」。

現行のパラダイムが組み立てられている世界は、成長と賃金に基づいた資本主義経済の世界である。科学者や発明家は彼らの技能をこのパラダイムのなかで実践することを余儀なくされる。

マルクスは『経済学批判要綱』のなかで以下のように書いている。

機械装置において、資本による生きた労働の領有は直接的な現実となる。それは第一に、知的科学から直接生まれる機械的・化学的法則の適用である。この適用が労働者が行なうと想定されているのと同じ労働を機械が行なうことを可能にする。しかしながらこの道に沿った機械装置の発達は、大工業がすでに高い水準に到達し、すべての知的科学が資本に奉仕するように押しやられているときにのみ起きる。そしてまた、調達可能な機械がすでに大きな能力を提供していることも必要である。こうして発明はビジネスとなり、直接的生産への知的科学の適用は生産を規定し要請する展望となる[5]。

資本主義においては発明はビジネスとなり、このビジネスの結果は利潤追求経済という支配的形態によって限定される。〝発明〟という言葉はもっと研究するに値する。

〝発明〟はそれ自体でパラダイムシフトを意味するのではない。〝発明〟は単に道具の技術的改良にすぎず、知識獲得のプロセス自体が行き着くゴールの変化ではない。

マウリツィオ・ラッツァラートは *Puissance de l'invention*〔『発明の潜在力』、邦訳・英訳ともになし〕という本のなかで、ガブリエル・タルドを再検討しながら、次のように書いている。「資本主義の並外れた生産性は、単に分業によるものではなく、集合化した脳のダイナミズムを考慮することによってのみ説明がつく(6)」。

しかし、十九世紀末〔タルドの時代〕のフランスの文化的状況からすると、発明は同等に生きた震動と見なされていた。ラッツァラートはこう言う。「発明は世界の身体のカオス的震動を構成する潜在力を現働化する。発明は……予測不可能な現実の出現を可能にし、それを存在の深みから表面の現象へと呼び出す(7)」。

タルドもまた、発明力（労働力ではなく）を生産のもっとも重要なファクターとして強調していた。「タルドにおいては、所有の源泉は労働ではなく発明力であった……知識の存在論的位置からすると、所有の権利が問題となる(8)」。ラッツァラートは、この分析から、発明は単に改良ではあるだけではなく、パラダイムシフトでもあるという考えに向かう。前世紀を通して、批判理論は機械からの人間の自立を主張した。しかしこの主張は今日ではもはや牽引力のないものになっていると私には思われる。機械は人間の脳の認知機能を内部に取り込んだ。したがって自立的思考の任務はもはやオートメーションの領域を制限することではなく、社会的利害

（資本主義的利害に対立するものとしての）や人間の目的（技術的オートメーションの目的に対立するものとしての）をグローバル機械のなかに書き込むことなのである。

オートメーションはもはや敵と見なされるべきものではない。オートメーションはヒューマニズム的・社会主義的観点から分析されなくてはならない。

一九四八年、ノーバート・ウィーナーとローゼンブリュートは、サイバネティクス・テクノロジーの認識論的条件の創造に取り組みながら、科学者は、知識やテクノロジーが経済的・軍事的システムという外部からの強制に従ってではなく、自らの持つ知的ダイナミズムに従って生産されるような自立的空間、制度的構造をつくりださなくてはならないという考えを打ち出す。

ウィーナー自身の言葉を借りるとこうである。

われわれは長い間、大きな力を持つ執行役員に追従するのではなく、精神的必要にほかならない欲望に従って、科学の未開拓地帯で協働する独立的科学者の制度的機構を夢見てきた。それはその地帯を全体として理解するためであり、そのような理解の力を互いに与えあうためである。このことについてわれわれは、われわれが共同研究のフィールドならびに各人がそのなかで占める部分を選ぶよりもずっと以前に同意しあっていた。この新たなステップを決定づけたファクターは戦争であった。(9)

ウィーナーの気がかりは、「コンピューター」が「冷酷な政治家や資本主義者」そして自分たちが支配する社会的機構をオートメーション化しようという「彼らの個人的欲望」の「道具になるのではないか」という点にあった。その後の十五年間、ウィーナーは産業のオートメーション化をひどく恐れ続け、労働組合運動のリーダー、ウォルター・レアザーに労働者はその脅威といかに闘うべきかをアドバイスすることまで考えた。(10)

ハッカーとデザイナー

デザインはアートでありエンジニアリングである。アーティストとしてのデザイナーはある物のためにある世界を考え出す。エンジニアとしてのデザイナーはある世界のためにある物を建設する。

市場がアーティストとエンジニアを分離するために、デザインは必ずしも社会的有用性のルールと合致しない経済のルールにその発明が従属させられることになる。

この点、スティーヴ・ジョブズとスティーヴ・ウォズニアックの関係は興味深い。ウォズニアックがテクノロジーに長けた発明家の役割、情報建築の直接的制作者の役割を演じているのに対し、ジョブズは全体を見渡すデザイナーの役割、機械と人間の精神的変化のインターフェイス――これは残念ながら市場によって支配されているのだが――を予測する役割を演じている。

デザイナーの仕事はジョブズに顕著に現れている。彼は、社会的生命空間の身体と精神へのテクノロジーの浸透は、物の形姿とユーザーがそれについて持つ知覚に依存していることを十分に理解していた。他方、ウォズニアックはハッカー気質を具現していて、コンピューターとその組み込み装置の領域において高度に複雑な技能を持っている。彼はハッキングの社会的次元の重要性を頑強に主張し、デザイナーとして市場への追従に囚われているジョブズを拒否する。このアップルの二人の創始者の違いが、この会社の物語とネットの歴史に深い影響を与えた。

二〇一四年『デイリー・メール』紙に掲載されたインタビュー記事のなかで、ウォズニアックは次のように述べている。

スティーヴ・ジョブズは、アップルⅠとアップルⅡの私の構想になんら関与していない。またプリンターインターフェイスやシリアルインターフェイス、フロッピーディスクや私がコンピューターの機能を強化するためにつくった要素などにもなんら関与していない。彼はコンピューターを知らないのだ。彼はただ大物になろうとしたのだ。大物はつねにビジネスマンだ。それが彼が望んだことだ。アップルⅡコンピューターは、最初の十年にアップルが持った唯一成功した製品だ。そしてそれはもっぱら私自身の手ですべて行なわれたことであって、スティーヴ・ジョブズはそれまでそれが存在することすら知らなかった。私がすでにつくっていたんだ。そしてそれは会社を待っていたんだ。そのとき私の良き友でビジネスマンのスティーヴ・ジョブズが登場したというわけだ。(11)

ダニー・ボイルの映画『ジョブズ』のなかでジョブズとウォズニアックの衝突を描いたシーンは、彼らの関係を伝えてくれて興味深い。右に引用したインタビューのなかで、ウォズニアックはジョブズを〝ビジネスマン〟と呼んでいる。

技術的知識はウォズニアックに属しているが、ジョブズを単に自分の友人のつくった製品を市場に売るだけの人間と見なすべきではないだろう。彼はなにかもっと意味のある人間である。彼は注目すべきセンスを持ったデザイナーなのだ。

デザインは社会的有用性のためのインターフェイスの創造であると同時に、テクノロジー的物体を商品の言語に翻訳するものでもある。デザイナーは発明家とユーザーとのあいだのインターフェイスであるが、同時にテクノロジーと知的産物の経済的搾取とのあいだのインターフェイスでもある。

デザインは人々が適切かつ容易に操ることができるように物を設計するアートであるだけでなく、歴史的・文化的進化の広い視野のなかに物を送り出すものでもある。

エンジニアは人間の共同生活を連結的構造に変える。
デザイナーはその連結的構造を連鎖的装置に変える。
デザイナーは発明のマスターなのである。

結語　想像もつかないこと

トラウマ

二〇一〇年代に入って、二つの異なったプロセスが見たところ止めようのない勢いで展開されている。ひとつは、二〇〇一年以来続いている地球全体に広がった内戦であり、これは二〇一六年には並外れたペースにまで上り詰めた。もうひとつは、認知的活動のオートメーション化であり、日常生活や都市環境へのＡＩ装置の浸透であり、これは神経‐全体主義的システムとでも呼ぶべきものへの道を準備している。

このプロセスは現在二つとも発展中であり、二つとも不可避的であるように見える。

ブレグジット〔イギリスのＥＵ離脱〕とトランプの選挙での勝利は新自由主義グローバリズムの歴史に画期を刻印した。前世紀にわれわれは民主主義と社会主義がナショナリズムを打ち負かしたと考えた。しかしこれは間違っていた。新自由主義政策によって屈辱を味わわされ、金融独裁の手のなかで行動した社会改良主義者に裏切られた白人労働者階級の復讐心のおかげで、ナショナリズムは戻ってきた。

この労働者階級のリベンジは白人レイシズムのうねりを解き放ち、それは、イスラムの宗教的原理主義、ドゥテルテ〔フィリピンの現大統領〕型のファシズム、ヒンズー原理主義、中国の権威独裁主義などとして現れている、かつて植民地化された世界地域の人々の怒りと衝突している。

この結果は長く残るトラウマとなり、その影響は計り知れないだろう。われわれは野蛮と暴力の拡散を目撃しているのだが、それは人間種における人間的なものが消去されるところまで文明を衰弱させるかもしれない。この先どうなるか、この未来はいずれ書かれなくてはならない。

トラウマは単に文化的衰弱をもたらすにとどまらない。それは新たな神経的形態形成へと進化し、新たな認知能力を出現させるかもしれない。

神経的形態形成の形と意味は、治療的・審美的行為によって決定される。トラウマのなかには、自動装置《オートマトン》のもつれから潜在的可能性を解放する解きほぐしの文化空間がある。

白人レイシズムとファシスト的憤慨によって煽られたグローバル内戦からの脱出口は、世界中の認知労働者《コグニタリアート》の意識高揚のなかにしか見つけることができないだろう。しかし現在、このプロセスの進展は実現不可能に見える。というのは、認知労働者に自己組織化の力が欠如しているからである。認知労働者の現状は不能《インポテンツ》であり、彼らは自動装置《オートマトン》の内部で神経全体主義的な自己構築のプロセスのなかに巻き込まれている。トラウマは感情的次元と認知的次元のあいだの関係を変化させるだろう。この変化の方向はあらかじめ書き込まれていない。それは未来のゲームの成りゆきしだいである。

トラウマは未来の可能性の潜む地層から認知労働者の知識の自立と共産主義的共感の可能性を開示することができるだろうか？　詩人とエンジニアは賃金神話から脱出し、自立的な知識とテクノロジーのなかに書き込まれた可能性を発展させることができるだろうか？

それとも、トラウマは想像しがたいほどの規模の衝突を引き起こす方向に向かうのだろうか？

この本の最後のページを書いているいま、私の目には暗い風景が出現してきている。私の感覚と理解では、近代世界の自殺潮流は止めようがないように思われる。しかし私が見ていることや知っていることは、全体像からはほど遠いものである。私の理解の及ばぬこと、私が見ることができないこと、私が想像することができないこと、私が考えることができないこと、そういったことこそが脱出の方法の鍵を握っているのかもしれない。

不可避的なこと

ケヴィン・ケリーは『不可避的なこと』(二〇一六)という本のなかで、われわれがすでに目にしているような仕方で未来を形作る十二のテクノロジー的潮流を描いている。ケリーによると、これから三十年のあいだに起きるであろうことの多くは不可避的なことである。まず、未来はAIとともに、よりオートメーション化が進み、スクリーンも多くなる。ケリーが素描する十二の潮流はわれわれの働き方、学び方、コミュニケーションの仕方をつねに変え続けるだろう。「人工的思考の到来はあらゆる分裂を加速化し……未来の原動力となる。この認識は不可避的なものであると確言することができる。なぜならそれはすでに始まっているからである[1]」。

私はケリーの予言のテクノロジー的内容については同意するが、この進化が必然的に資本主義的パラダイムの枠組みのなかで起きるということについては同意できない。

ケリーが『アウト・オブ・コントロール』を刊行して以来、私は彼の本の愛読者であった。彼の本のなかには、生物学、コンピューター、仏教などが凝縮されている。グローバル・マインドなるものは、われわれが知ることも抵抗することもできない目的や手順を備えた生物‐情報的超有機体なのである。私は彼の本を楽しんだが、彼の概念的な生物‐情報的ダーウィニズムの罠には落ちなかった。

ダーウィニズムは強くて適合力を持ったものが生の戦いに勝利するという考えに基づいている。ケリーはこの原理をジャングルの野生的空間から文明化されたネットワーク経済の空間に移植した。この理論は新自由主義の時代には当てはまると言えるだろう。手に入るものを搾取し略奪することができる力のある少数の個人が、後期近代のゲームの勝者として出現したのである。問題は彼らは世界をほとんど破壊したということである。彼らは労働者階級を疲弊させ、地球環境を荒廃させ、新世代の多くを不安定労働、孤独、流行性鬱病の地獄状態に追いやった。挙げ句の果てに、新自由主義の延命作戦は、トランプ、ファラージュ、オルバン、ドゥテルテといったモンスターを生み出した。

平和と文明が危険にさらされている。幸福、喜び、良き生活といった概念が危険にさらされている。

ケリーはいまえせユートピアとともに戻ってきて、未来は好むと好まざるとにかかわらず現在のなかに書き込まれていると宣言している。

解　釈

次の点では私はケリーに同意する。すなわち、未来は純然たる空想からも政治的意志からも出現するものではない。未来は現在のなかに書き込まれている。しかしながら私が思うに、その書き込まれた未来は不可避的なものではない。なぜなら現在は数え切れないほどの分岐のあいだの揺れ動きのなかに存在しているからである。

未来に何が出現するかは現在のなかに書き込まれているということ、これは真実である。しかし、われわれが現在のなかに見つけだすことができるものはあらかじめ規定されたものではない。現在のなかに何が書き込まれているかは自明のことではなく、傾向性の進展は決定的な仕方であらかじめ書き込まれているわけではない。

現在をどう解釈するかという解釈の仕方は、すべての決定論的理論（ケリーのテクノ決定論のような）が避ける決定的に重要なことである。解釈について再考しながら、私はマルクスの「フォイエルバッハに関する第十一テーゼ」を裏返してみる気になった。マルクスはこう書いている。「哲学者は世界をさまざまな仕方で解釈してきただけだ。重要なことは世界を変えることだ」。マルクスから百年、哲学者は世界をさまざまな仕方で変えてきた。いま重要なことは、世界を解釈することだ。いまや哲学の目的は解釈することである。

現在のなかに書き込まれた可能性の解釈は、われわれの時代の哲学の主たる任務である。われわれは、ネットワーク化された知識のなかに書き込まれた内在的可能性を展開する助けとなる概念や知覚を粘り強く探究しなくてはならない。

われわれは、近代の歴史を通して政治革命が繰り返し行なってきたやり方では、世界を変えることはできない。われわれができることは、可能性の自己展開のための概念や美的形式を創造することである。

解釈（interpretation）とは何を意味するのだろうか？　それは〝説明や暴露〟を意味するラテン語の〝interpretatio〟に由来し、〝説明する〟とか〝詳説する〟とか〝理解する〟を意味する動詞（interpretari）の過去分詞から派生した名詞である。

解釈の意味は書き込まれているものを表現し提示するということである。原素材として書き込まれている可能性の言葉を記号やコミュニケーションの言葉に変えることである。

良き生活の技術的可能性が、無数の精神の生きた連鎖装置のなかに書き込まれている。これを解釈するということは、可能性の物質的中身を生産と交換と日常生活について人々が共有することができる変革的概念に言い換えるための指針を組織するということである。

われわれはマルクスをこの文脈で読まなくてはならない。とくに「第十一テーゼ」はこの文脈で読まねばならない。マルクスが行動を優先して解釈を蔑視したとき、彼はヘーゲルを思い浮かべていた。ヘーゲルにとって哲学の仕事は〝絶対精神〟の内奥の生を発見するために歴史を解釈することであった。ヘーゲルにとって解釈は啓示行為であった。

今日、われわれが啓示すべきものは何もない。われわれにとって重要なことは啓示の問題ではなく、発明の問題である。現在のネットワーク化された脳の構成を社会的幸福生活への道筋に従って解釈することができる連鎖装置と概念を発明することが、われわれの時代の哲学的任務なのである。

コンピューター化できないこと

現在における書き込みと展開の関係が不可避的に見えるのは、ひとえにわれわれが現在のなかに書き込まれた諸記号を別の仕方で解釈することができないからである。われわれはいま不可避的なことからの脱出の線を思いつくことができない。考えついたり、想像したりすることができないので見ることができない。

未来はあらかじめ書き込まれているのではなく、いま書き込まれているのだ。したがって、未来は解釈の過程を通して選択され抽出されなくてはならない。書き込まれた可能性の解釈の過程は概念によって可能化され形作られる。支配的コード（ゲシュタルト）は想像力を禁圧し、可能なことを考えつかないようにさせる。

ケリーが言う不可避的なことは、コンピューター化の拡張プロセスに依拠している。彼のグローバルマインドについての理解は、コンピューターはやがて言語のあらゆる次元を吸収し、それをオートメーション化するという考えに基づいている。しかしこの理論はひとつの決定的な領域で無効である。コンピューター処理能力の増大は人間存在の時間的領域（肉体を備え死を免れないこと）のなかで自らの限界に遭遇する。

コンピューター化は還元と決定の原理で成り立っている。近年、コンピューター化は幅広い現象を包摂するに至り、社会生活や人間の言葉を普遍的定数からなるフォーマットに基づいた決定論的戦略に還元するようになった。人工知能（ＡＩ）の発展と、知能装置の日常生活や認知活動への浸透は、新たな生活空間がコンピューター化の領域になるという結果をもたらしている。しかし人間存在の全空間をコンピューターのなかで経験しうるわけではない。人間存在はいかなるコンピューターの処理能力を結集しても縮小することができない。

存在の震動はコンピューター化から逸脱する。時間、死、自己認識、恐れ、不安、喜びといったコンピューター化できないことは、認知的オートメーション化の過程からはみ出る。したがって私は、コンピューター化できないことが人間の進化の先導力であると確信する。コンピューター化できないことは、歴史が人間的である理由なのだ。

想像もつかないことは現代の巨大な震動のダークサイドである。社会的交換の共通の土壌がコンピューター化された概念に基づいているのに対し、コンピューター化されないことは想像もつかないことと同じになる。

今日想像もつかないことは、経済的現実ではなく社会的ニーズに基づいたテクノロジー力へのアプローチの仕方である。資本蓄積から自立した認知労働者《コグニタリアート》のあいだの協同は現段階では想像することができない。

世界中の同等の立場にあるプロデューサー、プログラマー、アクティヴィストのあいだの日々の交流のなかで協同はすでに起きている。今後の二十年に向かってのプロジェクトは、超機械を解体し再プログラム化して、世界中の認知労働者が共通認識を持ち共通の技術的指針を創造することである。

私はエフゲニー・モロゾフの愛読者でありファンである。しかし私はまた、われわれはテクノメディア企業システムに対する批判からさらに先に進んで、日々グローバル記号経済を産出している認知労働者のための自己組織化のプロジェクトをスタートさせなくてはならないと思う。われわれはシステムよりもグローバルな記号循環を底支えする主体性に焦点をあてなくてはならない。

矛盾と主体としてのグローバルシリコンバレー

その内部でさまざまな文化と社会的利害が衝突している世界的に拡散した生産空間を私はグローバルシリコンバレーと呼ぶ。

グローバルシリコンバレーは、衝突が絶えず出現するダイナミックな空間と見なさなくてはならない。それは無数の記号労働者が日々ネット上の自動装置《オートマトン》の構築のために協同している脱領土化された空間である。

われわれはこの空間を単に抽象的な相互作用の行なわれる同質的フィールドと見るべきではない。それはまた、さまざまに異なる社会的条件を分かち持っている労働者のあいだのつながりの生きたウェブでもある。そこには、高給取りの企業人もいれば不安定労働のデザイナーやエンジニア、アーティストなど無名のネット労働者もいる。

われわれはこのグローバルシリコンバレー、グローバルな記号工場に対して、レーニンが一九一七年にプティロフ重機械工場に注目した〔一九一七年ペトログラードのプティロフ工場でストライキが起き労働者がソビエト政権を支持した〕のと同じ仕方で、また一九七〇年代にイタリアのアウトノミアがフィアットのミラフィオーリ工場に注目した〔トリノ近郊のフィアットのミラフィオーリ生産工場はアウトノミア運動の主要ターゲットのひとつ〕のと同じ仕方で、注目しなくてはならない。グローバルシリコンバレーは、生産プロセスの核として、最高レベルの搾取が作動する場所として、そしてそうであるがゆえに最高度の変革的潜在力が解き放たれる可能性を持った場所として、注目されなくてはならない。

グローバリシリコンバレーは無限に入り組んだ協同ウェブのなかのわずかな部分しか体現していないテクノエリートのコントロール下にあるが、われわれは世界の認知労働者の自立のために共通の文化的・テクノロジー的指針を創造しなくてはならない。

神経労働者のあいだに共通の意識を打ち立て、可能なかぎりの社会的連帯意識を広げることが、来たるべき十年になすべきことである。無数のエンジニア、アーティスト、科学者の倫理的覚醒が、われわれがすでにその姿に気づいている文明の恐るべき退行を防ぐ唯一のチャンスをもたらすだろう。

二〇一七年一月記

原註

序論

（1）フランス語で公表される以前にスウェーデン語で公表された論説。フランス語版は以下に収録されている。*La pensée et le mouvant* in 1934.〔『思考と動くもの』〕ベラルディによるフランス語版からの英訳。

（2）Gilles Deleuze, 'On Spinoza,' deleuzelectures.blogspot.it.

（3）Gilles Deleuze and Félix Guattari, *A Thousand Plateaus: Capitalism and Schizophrenia* (1987), p. 153.〔ジル・ドゥルーズ／フェリックス・ガタリ『千のプラトー――資本主義と分裂症』宇野邦一他訳、河出文庫、二〇一〇年、上巻三一四～三一五頁〕

（4）Antonio Negri, *Subversive Spinoza* (2004), p. 1.

（5）Ibid., p. 4.

（6）Deleuze, 'On Spinoza.'

（7）Negri, *Subversive Spinoza*, p. 70.

（8）Benedict de Spinoza, *Ethics* (1883), Part III, Proposition II.〔スピノザ『エチカ』畠中尚志訳、岩波文庫、一九五一年、上巻一七一頁〕

（9）Witold Gombrowicz, *Cosmos: A Novel*, trans. Danuta Borchardt (2005), pp. 54-5.〔ヴィトルド・ゴンブロ

ヴィッチ他『コスモス他』工藤幸雄訳、恒文社、一九六七年、二三〇頁〕
(10) Ignacio Matte Blanco, *The Unconscious as Infinite Sets: An Essay in Bi-logic* (1975), p. 17.
(11) D. E. Cameron, 'Early Schizophrenia', *American Journal of Psychiatry* 95: 3, pp. 567–82.

第一章　不能《インポテンツ》の時代

(1) Timothy Egan, 'Giving Obama His Due', *New York Times*, 15 January 2016.
(2) Paul Krugman, 'Elections Have Consequences', *New York Times*, 4 January 2016.
(3) Nicholas Kristof, 'Obama's Death Sentence for Young Refugees', *New York Times*, 25 June 2016.
(4) Mario Tronti, *Noi operaisti*, *Derive e approdi*, Roma, 2010, p. 27.
(5) ウジェーヌ・ミンコフスキーの言う意味での〝生きられる時間〟のこと。*Lived Time: Phenomenological and Psychopathological Studies*, trans. by Nancy Metzel, Northwestern University Press, Evanston, 1970, pp. 6–7.
(6) Yves Citton, *Impuissances: Défaillances masculines et pouvoir politique de Montaigne à Stendhal*, Paris: Editions Aubier, 1994, p. 27. Author's translation.
(7) Ibid.
(8) Stefano Mistura, *Autismo: L'umanità nascosta*, Rome: Einaudi, 2006, p. xix.

第二章　ヒューマニズム、女性蔑視、後期近代思想

(1) Arthur Schopenhauer, *The World as Will and Representation*, trans. E. F. J. Payne (1958), p. 32.〔『ショーペンハ

ハウアー全集2　意志と表象としての世界（正編1）』斎藤忍随他訳、白水社、二〇〇四年、四六頁〕

（2）Ibid., pp. 184–5.〔『ショーペンハウアー全集2』一九六頁〕

（3）Ibid., p. 273.〔『ショーペンハウアー全集3　意志と表象としての世界（正編2）』斎藤忍随他訳、白水社、二〇〇四年、一七四頁〕

（4）Niccolò Machiavelli, *Il principe*, XXV, my translation.〔マキアヴェッリ『君主論』河島英昭訳、岩波文庫、一九九八年、一八四頁〕

（5）Ibid.〔マキアヴェッリ『君主論』一八八―一八九頁〕

（6）Nikolai Berdyaev, *Dostoevsky: An Interpretation* (1921). Author's translation.

（7）*Les particules elementaires*, 1993, p. 76. Author's translation.〔ミシェル・ウエルベック『素粒子』野崎歓訳、筑摩書房、二〇〇一年、六二頁〕

（8）Kevin Kelly, *The Inevitable: Understanding the Twelve Technological Forces That Will Shape Our Future* (2016), p. 30.

（9）Martin Davis, *The Universal Computer: The Road from Leibniz to Turing* (2000), p. 14.〔マーティン・デイヴィス『万能コンピューター――ライプニッツからチューリングへの道すじ』沼田寛訳、近代科学社、二〇一六年、四頁〕

（10）Ibid., p. 1.〔デイヴィス『万能コンピューター』三頁〕

第三章　欲望のダークサイド

（1）アントニオ・スパドロ神父によるフランシスコ法王へのインタビュー。'A Big Heart Open to God', *America Magazine*, 30 September 2013.

（1）Gilles Deleuze, 'Postscript on the Societies of Control', *October* 59 (Winter 1992), pp. 3–7.

（2）Ibid.

（3）Karl Marx, 'The Process of Production of Capital', draft Chapter 6 of *Capital* (1864), marxists.org.

（4）Jean Baudrillard, *In the Shadow of the Silent Majorities: The End of the Social* (1983).

（5）Ibid., p. 21.

（6）ロナルド・バットによるマーガレット・サッチャーへのインタビュー。'Mrs Thatcher: The First Two Years', *Sunday Times*, 3 May 1981, margaretthatcher.org.

（7）インタビュー。*Women's Own*, 31 October 1987.

（8）Antonio Negri and Michael Hardt, *Empire* (2000).〔アントニオ・ネグリ／マイケル・ハート『〈帝国〉――グローバル化の世界秩序とマルチチュードの可能性』水嶋一憲他訳、以文社〕

（9）Kevin Kelly, *Out of Control: The New Biology of Machines, Social Systems, and the Economic World* (1993), p. 33.

（10）Ibid., p. 16.

（11）Ibid., p. 15.

（12）Bert Hölldobler and Edward Wilson, *The Superorganism: The Beauty, Elegance and Strangeness of Insect Societies* (2008), p. 7.

（13）Bert Hölldobler and Edward Wilson, *The Leafcutter Ants: Civilization by Instinct* (2011), p. xvii.

（14）Hölldobler and Wilson, *The Superorganism*, p. xviii.

（15）Hölldobler and Wilson, *The Leafcutter Ants*, p. xviii.

（16）Eric Kandel, *The Age of Insight: The Quest to Understand the Unconscious in Art, Mind, and Brain, from Vienna*

1900 to the Present (2012) を参照

第五章　死の資本主義

(1) Nicholas Kristof, 'On Guns, We're Not Even Trying', *New York Times*, 2 December 2015.
(2) US Department of Defense, 'Discussion with Secretary Carter at the John F. Kennedy Jr. Forum, Harvard Institute of Politics, Cambridge, Massachusetts', 1 December 2015, defense.gov.
(3) Roberto Saviano, *Gomorrah: A Personal Journey into the Violent International Empire of Naples' Organized Crime System* (2005), p. 13.〔ロベルト・サヴィアーノ『死都ゴモラ——世界の裏側を支配する暗黒帝国』大久保昭男訳、河出書房新社、二〇〇八年、二二—二五頁〕
(4) Tyler Durden, 'ISIS Releases "Greatest" Piece of Terrorist Video Propaganda in History, Tells US, Russia to "Bring It On"', *ZeroHedge*, 25 November 2015, zerohedge.com.
(5) Wassim Bassem, 'Money, Power Draw Young Iraqis to IS', *Iraq Pulse*, 12 August 2014, al-monitor.com.

第六章　貨幣コードとオートメーション

(1) Jean Baudrillard, 'Global Debt and Parallel Universe', trans. Franciois Debrix, *Liberation Paris*, 15 January 1996.
(2) Noam Chomsky, *Syntactic Structures* (1957)〔ノーム・チョムスキー『統辞構造論　付「言語理論の論理構造」序論』福井直樹・辻子美保子訳、岩波文庫、二〇一四年〕; Noam Chomsky, *Aspects of the Theory of Syntax* (1975).〔チョムスキー『文法理論の諸相』安井稔訳、研究社、一九七〇年〕
(3) Marshall McLuhan, *Understanding Media: The Extensions of Man* (1964), p. 7.〔マーシャル・マクルーハ

ン『メディア論——人間の拡張の諸相』栗原裕・河本仲聖訳、みすず書房、一九八七年、一三六—一三七頁〕
（4）Karl Marx, ‘Fragment on Machines’, *Grundrisse* (1973).
（5）McLuhan, *Understanding Media*, p. 20.〔マクルーハン『メディア論』一三八頁〕
（6）Ibid.〔マクルーハン『メディア論』一四一頁〕

第七章　難問

（1）Zachary Karabell, ‘Learning to Love Stagnation’, *Foreign Affairs* (March/April 2016), p. 49.
（2）Friedrich Pollock, *The Economic and Social Consequences of Automation* (1957), p. 28.
（3）Stanley Aronowitz and Jonathan Cutler, *Post-work: The Wages of Cybernation* (1998), p. 60.
（4）Frank Bruni, ‘Lost in America’, *New York Times*, 25 August 2014.
（5）Paolo Virno, *E così via all'infinito*, Turino: Einaudi 2011.
（6）Liz Alderman, ‘In Europe, Fake Companies Can Have Real Benefits’, *New York Times*, 29 May 2015.

第八章　迷信

（1）Mark Blyth, ‘Global Markets Are No Longer Obeying Economic Common Sense’, *Guardian*, 9 February 2016.
（2）Ibid.
（3）Peter Fleming, *Resisting Work: The Corporatization of Life and Its Discontents* (2014), p. 6.
（4）Paul Mason, ‘The End of Capitalism Has Begun’, *Guardian*, 17 July 2015.

（5）Richard Freeman, 'The Future of Work: Who Owns the Robot in Your Future Work Life?', *Pacific Standard*, 17 August 2015.

（6）Juliet Schorr, *The Overworked American: The Unexpected Decline of Leisure* (1992), p. 5.

（7）Martin Ford, 'China's Troubling Robot Revolution', *New York Times*, 10 June 2015.

（8）Matthew Yglesias, 'The Automation Myth: Robots Aren't Taking Your Jobs - and That's the Problem!', *Vox*, 27 July 2015.

（9）Dylan Matthews, 'Why a Bunch of Silicon Valley Investors Are Suddenly Interested in Universal Basic Income', *Vox*, 28 June 2016.

（10）Ibid.

第十章　一般知性《ジェネラル・インテレクト》の簡略な歴史

（1）G. W. F. Hegel, *The Phenomenology of Mind*, trans. J. B. Baillie (1910 [2005]).

（2）Ibid., p. 81.〔『ヘーゲル全集４　精神の現象学（上）』金子武蔵、岩波書店、一九七一年、一六―一九頁〕

（3）Ibid., p. 16.〔『ヘーゲル全集４』二〇―二一頁〕

（4）Ibid., p. 17.〔『ヘーゲル全集４』二三―二四頁〕

（5）Marx, *Grundrisse*, p. 635.

（6）Ibid., p. 633.

（7）Ibid., p. 636.

（8）Fred Turner, *From Counterculture to Cyberculture* (2006), p. 24.

（9）Herbert Marcuse, *Eros and Civilization: A Philosophical Inquiry into the Field* (1966), p. xxiii.

（10）Ibid., p. xxv.

（11）Herbert Marcuse, *One-Dimensional Man: Studies in the Ideology of Advanced Industrial Society* (1964), p. 7.〔『一次元的人間――先進産業社会におけるイデオロギーの研究』生松敬三・三沢謙一訳、河出書房新社、一九七四年、八頁〕

（2）Ibid., p. 14.〔マルクーゼ『一次元的人間』二一頁〕

第十一章　一般知性《ジェネラル・インテレクト》のダイナミズム

（1）Evan Schwartz, *The Last Lone Inventor* (2003), p. 6.

第十二章　発明

（1）Karabell, 'Learning to Love Stagnation', *Foreign Affairs*, p. 48.

（2）Nick Srnicek and Alex Williams, *Inventing the Future: Postcapitalism and a World without Work* (2015).

（3）Thomas Kuhn, *The Structure of Scientific Revolutions* (1996), p. 48.〔トーマス・クーン『科学革命の構造』中山茂訳、みすず書房、一九七一年、五八頁〕

（4）Ibid.〔クーン『科学革命の構造』一六九頁〕

（5）Karl Marx, *Grundrisse* (1973), pp. 635–6.

（6）Maurizio Lazzarato, *Puissances de l'invention* (2002), p. 51. ベラルディによる英訳。

（7）Ibid. p. 67.

（8）Ibid.

（9）Turner, *From Counterculture to Cyberculture*, p. 20.

（10）Ibid.

（11）Victoria Woollaston, '"Steve Jobs Didn't Know Technology and Just Wanted to Be Important": Steve Wozniak Claims His Business Partner Played No Role in the Design of Early Apple Devices', *Daily Mail*, 4 September 2015.

結語　想像もつかないこと

（1）Kevin Kelly, *The Inevitable: Understanding the Twelve Technological Forces That Will Shape Our Future* (2016), p. 30.

訳者あとがき

本書は以下の書物の全訳である。Franco 'Bifo' Berardi, *Futurabiliy: The Age of Impotence and the Horizon of Possibility*, Verso, 2017.

邦訳の表題はほぼ原著の直訳とした。ちなみに、"Futurability" という言葉はフランコの造語で《フューチャー》と《アビリティー》と《ポシビリティー》という三つの語を結びつけた合成語と思われるが（あえて訳すなら「可能的未来」とでもなろうか）、これが本書の基本的テーマを語っていることはお読みいただければ了解されるであろう。

著者のフランコ・ベラルディは〝ビフォ〟という愛称で国際的に広く知られているイタリアの活動家・思想家で、私とは旧知の仲である。フランコは一九七〇年代にボローニャで「ラジオ・アリチェ」という自由ラジオ運動を創始しながら当時のラディカルな反体制運動の中核を担ったリーダーの一人である。そのためもあって七〇年代末にフランスに亡命し、そこでフェリックス・ガタリと親交を結び大きな思想的影響を受けた。その後アメリカ合衆国などにも滞在しながら、現代社会を批判的に捉える思想活動を幅広く展開し、現在は故郷のボローニャに住んで活動を続けている。

さて、この本は二年前に拙訳で刊行した『大量殺人の〝ダークヒーロー〟——なぜ若者は、銃乱射や自爆テロに走るのか？』（作品社、以下『ダークヒーロー』と略記する）に次ぐフランコの四冊目の邦訳書であり（一冊目は『プレカリアートの詩』〔櫻田和也訳、河出書房新社〕、二冊目は『ノー・フューチャー——イタリア・アウトノミア運動史』〔廣瀬純・北川眞也訳／解説、洛北出版〕）、『ダークヒーロー』の付録としてつけた廣瀬純による著者インタビューのなかでフランコ自身が予告していた書物である。フランコによると、『ダークヒーロー』であまりにも否定的・絶望的な現代世界分析をしたことを埋めあわせるために、少しは希望のある未来展望への道筋を描こうと本書の執筆を思い立ったということのようである。

しかしながら、私見によれば『ダークヒーロー』におけるフランコの現状分析は冴え渡っていて、いまなおこれ以上奥深く現代世界の病理をえぐり出した本はない（日本では映画監督・作家・ジャーナリストの森達也が「読みながら思想の奥行きを試される。あるいは知の筋肉を鍛えられる。その指向がある人なら、至福の読書体験になるだろう」とユニークな賛辞を公表した）。実際、この『ダークヒーロー』のなかでフランコが分析している諸事件の類似事件はその後も頻発し、いまもなお世界の各地で起こり続けている（つい最近川崎で起きた〝大量殺傷事件〟をはじめ日本も例外ではない）。その分析はネガティブであるがゆえに状況の奥底までサーチライトで照らし出したような力を持っている。

それに対して本書『フューチャビリティー』は、このネガティブ思考をポジティブの方向に裏返したらどうなるかを実践したものだと言える。そしてこの〝ネガティブであるがゆえにポジティブでもある〟思考実験（私はこれを〝ネガポジ思考〟と呼ぶ）は、現代世界の成り立ちについてのさらに深い認識をわれわれにもたらしてくれる。同時に『ダークヒーロー』ではそれほど明確には説明されていなかったフランコの拠って立つ哲学的思想基盤が明らかにされているところに特徴がある。『ダークヒーロー』がフランコの思想の〝実践篇〟であるとしたら、本書はその〝理論篇〟であるとも言えるだろう。公表の順番が逆になったとも言えるが、『ダークヒーロー』は当時フランコがいかに切迫した危機意識に捕われていたかということの証しである。言い換えれば、少し冷静になって自らの思想的根拠に立ち返って書いたのが本書であると言えるだろう。

フランコは本書で近代世界の成り立ちと現代世界の成り立ちを独自の文明論的視点から接続しながら、その本質的問題性をえぐり出している。とくにポスト近代としての現代世界を特徴づけるコンピューター文化＝デジタル文化＝オートメーション文化の問題点を批判的に解剖し、これが人間文明に何をもたらしているかを鋭利に説明している。現在猛威を振るっているネオリベラル金融資本主義も、このオートメーション化に収斂される〝機械的等式〟に依拠している。そして、フランコはこの一見多くの人々の精神の基層に習慣的に定着しているかに見える現代の〝機械化〟に基づいた体制的生活意識を、いかにして社会解放＝人間解放の方向に転轍するかを模索している。これが大ざっぱに言うと本書の筋書きである。そしてそのために彼が持ち出す力が「ポテンシー（潜在力）」であり、それと対比的に現状を維持する力として「パワー（顕在力）」が持ち出される。この「潜在力」と「顕在力」とのせめぎあいのなかから、いかなる「可能性」を見つけることができるか、これが本書のメインテーマである。私は「パワー」をあえて「顕在力」と訳したが、これはもちろん「権力」のことでもある。いずれにしろ、人々の「潜在力」がいかに「顕在力」によって抑止されているか、この問題意識をフランコは随所で現状分析の導きの糸として活用している。

本書は、人間生活の現在と未来を展望したとき誰もがうすうす感じていながら、しかとは認識できない現代の喫緊の課題の歴史的・現在的基層を明晰に描き出したテクストであり、誰にも自分もかかわりがあると感じさせる叙述や表現に満ち満ちている。フランコの詩人的感性が論理的に展開された文章が次から次へと繰り出される記述様式に誰もが引きつけられるだろう。そこには常識や既成概念に囚われない自由人フランコの真骨頂が現れているとともに、現状に鑑みて含蓄に富んだ名言と言ってよい説得力のある分析的表現が随所に鏤められている。そうした例を挙げだしたらきりがないが、とりあえずいくつかを紹介しておこう。

民主主義のための条件は（少なくとも）二つある。すなわち、政治的意志決定の自由と有効性。この二つがともに解体されたのだ。言葉が技術の規則に従属し、技術言語的が社会

的諸関係を制度化して以来、自由は空っぽの言葉になり、政治的行動は有効性や重要性を失うことになった。（五五頁）

平和運動はわれわれの不能の兆候であり尺度である。実のところ、ひとえに国際主義だけが平和を友好的に追求する条件である。しかし国際主義は心の持ち方でもなければ、平和への意志でも戦争の拒否でもない。国際主義は何かもっと深くて、もっと具体的なものである。それは世界的規模で人々が同じ関心と同じ動機を持つという意識の問題である。国際主義とは、労働者が自らの国家や人種や宗教を気にかけずに連帯することである。（六三頁）

コンピューター化できないものの力を重視しなくてはならない。コンピューター化できないものは人間の進化を主導する力である。そうであるがゆえに、われわれの歴史は人間的なのである。（一一七頁）

技術と経済の結合は新たな技術支配の条件を生み出した。市場というグローバル機械は現在のポスト・ヒューマニズム時代における人間の暗黙の運命を握っている。神が技術に変装して戻ってきたのだ。（一一九頁）

私は絶望と喜びは両立不可能ではないと考えている。なぜなら、絶望は知的精神状態であるが、喜びは身体化された精神状態だからである。友愛は絶望を喜びに変える力である。（一三三頁）

ウィルヘルム・ライヒは『ファシズムの大衆心理』のなかで、理解困難な問題は、人々がなぜストライキをし反抗するかではなくて、その逆、つまりなぜそうしないかである、と書いている。人々はなぜ抑圧に抗して立ち上がらないか？　これが問題なのである。（一四九頁）

資本主義はもう死んでいる。われわれはその死骸のなかで生きていて、その腐敗した体からの脱出口を必死で見つけようとしているが見つからない。（二一一頁）

賃金労働は人間活動の利潤追求経済への従属を包含していて、したがって社会的闘争の歴史は賃金労働の錯綜した関係からの自立のための探究と見なすことができる。……資本主義は、生産性を上げサボタージュや反乱をコントロールするためにテクノロジーに投資し、生産過程をオートメーション化するために機械を導入する。（二一三頁）

私はミシェル・フーコーは一番重要な本を書かなかったのではないかと思うことがある。つまり近代における賃金労働の系譜である。……人間が延命するために賃金という脅迫を受け入れ、いまもこれに耐えているという事態は、どうして起きたのか？　人は労働や自然の産物を享受する権利を得るのと引き換えに自分の時間を貸し出さなくてはならない、という広く行き渡った確信は自明のことではないし、自然的必然性に基づいていることでもない。（二四〇〜二四一頁）

……左翼の政治的力ではなくて、資本主義から社会が文化的に自立することこそが、世界的規模で起きている労働者の疲弊と力の喪失を逆転させることができる潜在的力を持っているのである。（二八七頁）

マルクスはこう書いている。「哲学者は世界をさまざまな仕方で解釈してきただけだ。重要なことは世界を変えることだ」。マルクスから百年、哲学者は世界をさまざまな仕方で変えてきた。いま重要なことは、世界を解釈することだ。いまや哲学の目的は解釈することである。現在のなかに書き込まれた可能性の解釈はわれわれの時代の哲学の主たる任務である。われわれはネットワーク化された知識のなかに書き込まれた内在的可能性を展開する助けとなる概念や知覚を粘り強く探究しなくてはならない。（三〇二頁）

こうランダムに取り出しただけでも、現状分析にかかわる印象的な名言の連鎖の趣きを呈している。読者の方々はこうして抜き出した引用の前後の論脈を参照してみたら、社会的現状に鋭く切り込むフランコ独自の思考の有機的論理を享受することができるだろう。おせっかいかもしれないが、本書を読みながら自分が引きつけられた条りをあれこれ取り出して自由に節合してみたら、自分流のコンサイスな〝世界認識小辞典〟が結晶化するのではないかと思う。

ところでフランコは、オートメーション化されあたかも慣習として定着しているかのごとき金融主導の記号資本主義の反人間解放的流れに抗し、新たな可能性の地平を切り開くことができる主体として、「認知労働者《コグニタリアート》」という新たな「労働主体」を持ち出しているが(これは〝イタリアの批判的現代思想〟の流れをくむものでもある)、ここはわれわれにとってひとつの考えどころであろう。「認知労働者」という表現でいかなる「労働主体」を想定しているかは、人によってさまざまな解釈が可能だからである。

この点に関連して、フランコが『ダークヒーロー』のなかで次のように述べていることは示唆的である。「現在の経済システムをどう定義すべきだろうか? 私は『認知資本主義』という表現を拒否する。なぜなら『認知的』と形容することができるのは、労働だけだからである。資本は認知的活動の主体ではない。資本は認知的活動の搾取者にすぎない。知識や創造性や技能の持ち主は認知労働者である」(二〇七頁)。この一節とフランコが「日本語版序文」の締め括りとして書いている表現を節合してみれば、彼が言わんとする〝認知的労働の主体〟とは何か、その広がりが浮かんでくるだろう。すなわち「主体の力能、知識、連帯、発明精神といったものが、これまで隠され、抑圧され、歪められながらも存在し続けてきたエネルギーを解き放つことができるかどうかに、すべてはかかっているのである」。

ややもすると狭い意味での〝コンピューター活用労働〟（非物質的労働）に限定されがちな〝認知労働〟という概念を、もっと広い労働現場に適用して（いわゆる〝物づくり的労働〟なども含めて）現代社会の作動の仕方を考えることが必要だということである。そうでなければ、知的労働の身体性からの分離と断片化による搾取の拡大深化として成り立つ現代資本主義社会への対抗概念として、もうひとつ本書でフランコが持ち出した「一般知性《ジェネラル・インテレクト》」というマルクス由来の概念も生きてこないだろう。寸断された一般知性をネットワークとしてどう再活性化するかが問われているのである。

最後に少し肩の力を抜いて締め括りにしよう。昔、鶴田浩二が歌った『傷だらけの人生』という歌に「何から何まで真っ暗闇よ／すじの通らぬことばかり」という一節があったが、石原裕次郎が歌ったテレビドラマ『新・座頭市』シリーズの主題歌のなかに「暗い暗いと思っていたが／けっこうこの世も明るいじゃないか」という一節もある。「世界の光景を見ていたら死にたくなる」というメールを書いてきたことがある悲観論者フランコ・ベラルディが、乾坤一擲あえて「光明」を見つけようとして書き下ろした本書が、読者の方々の世界の現状に対する問題意識に思想的刺激を与えるよすがとなることを期待したい。

蛇足ながら、フランコは、『ダークヒーロー』を書いたときに行なわれたフランスの新聞『ユマニテ』によるインタビューのなかで、〝大量殺人〟のような〝理解しがたいもの〟について次のように述べていることをお伝えしておきたい。「まさに説明しがたいものを説明することが重要であると、私には思われたのです。理解しようとすることは義務であり、理解をあきらめることは、すべてをあきらめることになるのです。そして、そうしてしまうと、現代社会の袋小路からの脱出の仕方もわからなくなるのです」。本書にはそうした現代社会における理解困難な現象を解きほぐそうとするフランコの持続的意志の凝縮的表現が宿っている。

最後になったが、今回もギャリー・ジェノスコ『フェリックス・ガタリ――危機の世紀を予見した思想家』のときと同様、高橋浩貴さんの丁寧な編集作業のお世話になった。記して謝意を表したい。

二〇一九年六月

杉村昌昭

ヤ行

ラ行

ワ行

マ行

タ行

ナ行

ハ行

サ行

人名索引

ア行

カ行

《叢書・ウニベルシタス　1101》
フューチャビリティー
不能の時代と可能性の地平

2019年 8 月20日　初版第 1 刷発行

フランコ・ベラルディ（ビフォ）
杉村昌昭 訳
発行所　一般財団法人　法政大学出版局
〒102-0071 東京都千代田区富士見2-17-1
電話 03(5214)5540　振替 00160-6-95814
組版：HUP　印刷：日経印刷　製本：積信堂

Printed in Japan
ISBN978-4-588-01101-6

著　者

フランコ・ベラルディ（ビフォ）（Franco "Bifo" Berardi）
1949年、イタリア生まれ。思想家、メディア・アクティビスト。ボローニャ大学で哲学を学び、雑誌『ア／トラヴェルソ』を創刊、自由ラジオ『ラディオ・アリチェ』を開局するなど、ネグリらとともにイタリア・アウトノミア運動を先導する。1977年、政治的弾圧によりフランスへ逃れガタリらと交流し、のち渡米。インターネットをはじめとする新たなメディアを用いたネットワークの構築にとりくみ、活動の領域を広げた。日本語訳に『プレカリアートの詩——記号資本主義の精神病理学』（櫻田和也訳、河出書房新社、2009年）、『NO FUTURE——イタリア・アウトノミア運動史』（廣瀬純・北川眞也訳、洛北出版、2010年）、『大量殺人の"ダークヒーロー"——なぜ若者は、銃乱射や自爆テロに走るのか？』（杉村昌昭訳、作品社、2017年）がある。

訳　者

杉村昌昭（すぎむら・まさあき）
1945年生まれ。龍谷大学名誉教授。フランス文学・現代思想専攻。著書に『資本主義と横断性——ポスト戦後への道標』（インパクト出版会）、『分裂共生論——グローバル社会を越えて』（人文書院）、訳書にアザン『パリ大全——パリを創った人々・パリが創った人々』（以文社）、テヴォー『アール・ブリュット——野生芸術の真髄』（人文書院）、ベラルディ（ビフォ）『大量殺人の"ダークヒーロー"——なぜ若者は、銃乱射や自爆テロに走るのか？』、アリエズ／ラッツァラート『戦争と資本』（共訳）（以上、作品社）、ガタリ『分子革命——欲望社会のミクロ分析』、『精神分析と横断性——制度分析の試み』（共訳）、『精神と記号』、ドゥルーズ／ガタリ『政治と精神分析』、ジェノスコ『フェリックス・ガタリ——危機の世紀を予見した思想家』（以上、法政大学出版局）などがある。

―――― 叢書・ウニベルシタスより ――――

（表示価格は税別です）

1074　左翼のメランコリー　隠された伝統の力　一九世紀～二一世紀
E. トラヴェルソ／宇京賴三訳　3700円

1075　幸福の形式に関する試論　倫理学研究
M. ゼール／高畑祐人訳　4800円

1076　依存的な理性的動物　ヒトにはなぜ徳が必要か
A. マッキンタイア／高島和哉訳　3300円

1077　ベラスケスのキリスト
M. デ・ウナムーノ／執行草舟監訳／安倍三﨑訳　2700円

1078　アルペイオスの流れ　旅路の果てに〈改訳版〉
R. カイヨワ／金井裕訳　3400円

1079　ボーヴォワール
J. クリステヴァ／栗脇永翔・中村彩訳　2700円

1080　フェリックス・ガタリ　危機の世紀を予見した思想家
G. ジェノスコ／杉村昌昭・松田正貴訳　3500円

1081　生命倫理学　自然と利害関心の間
D. ビルンバッハー／加藤泰史・高畑祐人・中澤武監訳　5600円

1082　フッサールの遺産　現象学・形而上学・超越論哲学
D. ザハヴィ／中村拓也訳　4000円

1083　個体化の哲学　形相と情報の概念を手がかりに
G. シモンドン／藤井千佳世監訳　6200円

1084　性そのもの　ヒトゲノムの中の男性と女性の探求
S. S. リチャードソン／渡部麻衣子訳　4600円

1085　メシア的時間　歴史の時間と生きられた時間
G. ベンスーサン／渡名喜庸哲・藤岡俊博訳　3700円

1086　胎児の条件　生むことと中絶の社会学
L. ボルタンスキー／小田切祐詞訳　6000円